자기긍정감이 낮은 당신을
곧바로 바꾸는 방법

자기긍정감이
낮은 당신을
곧바로 바꾸는 방법

:인생이 놀랄 정도로 앞으로 나아갈 것이다

오시마 노부요리 **지음**

정지영 **옮김**

"JIKO KOTEIKAN" GA HIKUI ANATA GA, SUGU KAWARU HOUHOU
Copyright © 2018 by Nobuyori OSHIMA
Interior illustrations by Amasasami
First published in Japan in 2018 by PHP Institute, Inc.
Korean translation rights arranged with PHP Institute, Inc.
through EntersKorea Co., Ltd.

자기긍정감이 낮으면,
불리한 역할을 스스로 떠안을 뿐이다.

낮은 자기긍정감에서 벗어나 보면,
여러분의 인생은 놀랄 정도로
앞으로 나아갈 것이다.

자기긍정감이란
도대체 무엇일까?

나는 지금까지 심리 상담을 하면서 자기긍정감이 낮아서 고민이라는 이야기를 수없이 들어왔지만, 그것이 그렇게 중요한 문제라고는 판단하지 않았다.

애초에 자기긍정감은 자신이 자신을 좋아하고, 스스로 괜찮은 사람이라고 여기는 일이다. 스스로 자신을 제대로 인정해 줄수록 자기긍정감이 높은 사람이 된다. 하지만 그렇게 했다가는 도전 정신이 없어질 것 같았고, 어쩐지 자신을 좋아하는 나르시시스트가 되는 느낌이 들었다. 그래서 자기긍정감이 낮아도 상관없다는 마음이었고, 자기긍정감에 거의 주목하지 않았다.

우리는 외국인에 비해 자기긍정감이 낮은 편이다. 미국에서 공부하던 시절에도 나는 "자신이 없어" "공부가 잘 안 돼"라고 말했지만, 주변 친구들은 "어때? 나 참 대단하지?"라며 조금 잘한 일을 훨씬 부풀려 이야기했다. 그런 모습을 보니 이 친구들이 얼마나 높은 자기긍정감을 지니고 있는지 느껴졌다.

그렇지만 마음속으로는 '자기긍정감이 낮으면 훨씬 더 참고 견디면서 노력할 수 있으니까 언젠가 이 친구들을 뛰어넘을 수 있을 거야!'라고 생각했다. '지금은 안 되지만 언젠가 두고 봐. 나라고 못할 거 있어!'라고 이를 악문 것이다.

항상 자신을 긍정적으로 보지 않고 채찍질을 가했다. 분한 마음에 눈물을 흘리면서도 어떻게든 해보겠다고 노력을 거듭했다. 내가 되는대로 노력하

다 보면 자기긍정감이 낮아도 언젠가 누군가에게 인정받을 테고, 스스로 만족할 수 있는 날이 올 거라고 계속 믿어 왔다.

그렇게 나 자신을 긍정적으로 보지 않아도 계속 단련하면 언젠가 자신에게든 타인에게든 인정받는 사람으로 바뀔 거라고 줄곧 믿었다. 하지만 실제로는 아무리 시간이 흘러도 나 자신이 좋아지지 않았다. 자기긍정감이 낮으면 다른 사람보다 겸허해지고 그것이 아름다운 자세라고 믿어 왔는데, 내면은 여전히 혼란스러웠고 전혀 바뀌지 않은 현실에 망연자실하고 말았다.

노력하다 보면 주변 사람들에게 인정받아서 자기긍정감이 높아질 거라고 예상했는데, 아무리 노력해도 돌아오는 것이 없었다. 처음부터 자기긍정감이 낮은 채 노력해봤자 뭘 해도 어중간할 뿐 아무것도 달성할 수 없었던 것이다. 게다가 달성한 것이 없는데도 '누구도 인정해 주지 않고 운도 나쁘지만, 사실 나에게는 굉장한 능력이 있어!'라며 이상한 자존심은 버리지 못했다.

나는 해외에 있을 때 자기긍정감이 높은 사람을 나르시시스트 같다며 내심 무시했지만, '혹시 자기긍정감이 낮은 내가 나르시시스트인가?' 하고 혼란스러웠다. 자기긍정감이 높은 사람들은 점점 여러 가지 일을 달성해 갔기 때문이다. 반면에 나는 생각만 할 뿐 실제로 이룬 건 아무것도 없었다. 아무에게도 인정받지 못하는데도 마음속으로 나 자신이 대단한 능력을 지녔을 것이라고 믿을 뿐이었다.

최근에 이르러서야 자기긍정감이 어떤 식으로 낮아지는지 눈에 들어왔다. 지금까지 마음이 약해서, 소심해서, 겁이 많아서 자기긍정감이 낮다고 생각

했지만 그게 아니라 단지 자기긍정감이 낮은 역할을
맡아 연기하고 있던 것이었다.

불리하고 손해를 보는 역할을 스스로 떠안았기 때문에
자기긍정감이 낮았다. 뭘 해도 제대로 안 되고, 제대
로 된다고 해도 오래가지 않는 역할이었다. 최근에
서야 깨달았지만, 나도 모르는 사이에 실패하고 자
기긍정감이 떨어지는 일을 자처하고 있었다.

그렇다면 나는 대체 뭘 위해서 일부러 자기긍정
감이 떨어지는 일을 한 걸까? 그 의문에 대한 직접
적인 답을 밝히자면, 그저 사랑받기 위해서였다. 내
마음속에는 자기긍정감이 낮아야 사랑받는다는 환
상이 있었다. 하지만 실제로는 자기긍정감이 낮으면
낮을수록 타인에게 업신여겨지므로 사랑받기보다
무시당하는 편이 많았다.

자기긍정감이 낮으면 타인과 대등할 수 없다. 자기긍

정감이 높아서 건강한 사람은 자기긍정감이 낮은 나를 불쌍하게 바라보고, 어울려 봤자 아무 이점도 없다는 듯이 조용히 내 곁을 떠나갔다. 그리고 자기긍정감이 낮은 사람들은 자신보다 더 낮은 나를 멸시하고, 짓밟고, 결국 이용할 만큼 이용하다 버렸다.

나는 오랫동안 심리상담사를 해오면서 자기긍정감이 낮은 상담자가 자기긍정감이 점차 높아지자 지금까지와는 달리 주변에 그 사람을 소중하게 대해주는 사람들이 많아지는 사례를 보았다. 그뿐 아니라 그 상담자의 자기긍정감이 높으면 높을수록 주변 사람의 자기긍정감도 높아지고 모두 건강해진다는 것까지 확인했다.

지금까지 나는 자기긍정감을 올리는 과정에서 누군가가 희생되고, 주변을 힘들게 할 수도 있다고 생각했다. 그런데 자기긍정감이 높아지자 주변 사람들의 자기긍정감도 덩달아 높아져 모두 즐겁고 건강해지는 모습을 눈앞에서 보고 나니, 아무도 희생되지 않는다면 자기긍정감이 높아도 괜찮다는 마음이 들었다.

이 책에서는 자기긍정감이 높은 사람과 낮은 사람의 특징을 설명하고, 손쉽게 자기긍정감을 올려서 바람직한 생활을 할 수 있는 방법을 소개하고자 한다. 이 책을 읽고 나면 지금까지 해온 고민의 바탕에 낮은 자기긍정감이 있다는 사실을 알고 모두 눈이 번쩍 뜨일 것이다.

목 차

제2장

자기긍정감을
바로 높이는
방법

제3장

낮은
자기긍정감은
바꿀 수 있다

제4장

나 자신이
형편없고 가치도 없게
느껴진다면

제1장

저 사람은 자기긍정감이
높을까? 낮을까?

01 ▸ 자기긍정감이 낮은 사람과 높은 사람

전철로 출퇴근을 하다 보면, 이 안에서 누가 자기긍정감이 높은 사람인지 관찰해 보고 싶어진다. 사람이 꽉 찬 전철에서 모두 비좁게 앉아 있는데, 홀로 팔짱을 끼고 꼿꼿이 다리를 벌리고 앉아 있는 남성은 자기긍정감이 높은 사람일까? 앞에 서 있는 사람도 그 남성을 못 본 체하고, 양쪽에 앉아 있는 사람들도 가급적 신경쓰지 않겠다는 자세로 앉아 있다. 그래서 그 남성의 거만한 태도가 주변을 위협하고 있는 것이 아닐까 싶었다.

그 남성은 얼핏 기세등등한 태도를 보이고 있으니 자기긍정감이 높은 사람 같지만, 곰곰이 생각해 보면 자기긍정감이 높은 사람은 일부러 '나는 이렇게 대단해'라는 태도를 드러낼 필요가 없다. 그렇다면 그 남성은 자기긍정감이 낮은 사람이라는 생각이 들었다. 나는 새로운 사실을 알게 된 것 같아 흥미가 생겼다.

　이번에는 전철 안에서 헤드폰을 끼고 스마트폰으로 하염없이 게임을 하는 남학생은 어떤지 관찰해 봤다. 이렇게 혼잡한 전철 안에서도 게임에 몰두할 수 있다니 자기긍정감이 높은 것이 아닐까 싶었지만, 잠시 관찰해 보니 그렇지 않다는 생각이 들었다.

　어쩌면 게임에 몰두하지 않으면 장래에 대한 불안이나 인간관계의 문제가 꼬리에 꼬리를 물고 머릿속에 떠오르는 것이 아닐까? 그래서 아무것도 생각하지 않으려고 애써 게임에 몰두한다는 생각이 머리를 스쳤다. 그러자 이상하게 이해가 되었고, 그 남학생도 자기긍정감이 낮을지도 모르겠다는 생각이 들었다.

평상시 전철에 타고 있으면 '나는 이 안에서 가장 자신감이 없고 자기긍정감이 낮은 것 같아'라고 느껴져서 주변 사람을 부러워했는데, 살펴보니 '나만 그런 게 아닐지도 모른다!'고 느낀 것이다.

이제 전철 안에서 정말 자기긍정감이 높은 사람을 찾아보고 싶었다. 그때 한쪽에서 대화를 나누는 사람들이 눈에 띄었다. 그 사람들은 회사 동료의 이야기를 하고 있었다.

"그 친구는 일단 시작만 하면 해낼 사람이니까 도전해 보면 좋을 텐데!"

"중요한 지점에서 포기해 버리니까 상사의 눈 밖에 나는 거야."

이 사람은 자기긍정감이 높아서 회사 동료를 이끌

어 주려는 것인지 궁금해졌다. 그런데 뒤이어 "그 친구는 대체로 마무리가 허술해" "그 상사가 좀 더 인정해 주면 좋을 텐데"라는 말이 들려왔다. 결국 그 사람은 자신이 동료나 상사보다 뛰어나다고 말하고 싶은 것이었다. 역시나 자기긍정감이 낮은 사람이라고 느꼈다. 사실 자기긍정감이 높으면 이런 곳에서 다른 사람의 이야기를 할 필요가 없다. 지금까지 내가 착각했던 것이 아닐까 싶었다.

나는 기세등등한 사람, 집중을 잘하는 사람, 타인을 감싸줄 수 있는 사람이 자기긍정감이 높은 사람이라고 생각했다. 그리고 나 자신은 나약하고, 겁이 많으며, 집중도 못하고, 다른 사람을 절대 이끌 수 없는 그릇이 작은 사람이라고 줄곧 믿어 왔다. 그런데 내가 지금까지 자기긍정감이 높다고 느꼈던 상대가 사실은 자기긍정감이 낮을지도 모른다고 생각하니 갑자기 흥미가 솟아올랐다.

그렇다면 자기긍정감이 높은 사람은 어디에 있는

걸까? 그때 문득 깨달았다. 이렇게 많은 사람이 타고 있는 전철 안에서도 내 시선을 전혀 끌지 않는 사람이 있다는 것을 말이다. 자는 척을 하는 사람, 책 읽는 척을 하는 사람 등 자꾸 신경쓰이는 사람이 있는 반면, 눈길 한 번 가지 않는 사람들도 있다. 그때 새삼스럽게도 그 사람들의 존재를 느꼈다.

내가 평상시 주목하는 사람들이 아닌 다른 사람들에게 주의를 돌리자 눈부신 태양을 본 듯한 느낌이 들었다. 얼핏 존재감이 없는 사람들이라고만 생각했는데, 사실은 나와 다른 유형의 사람들이라 자연스럽게 의식이 향하지 않은 것이었다. 그래서 일부러 그런 사람들에 주목해 보았다. 그러자 바로 이런 사람들이 자기긍정감이 높다는 것을 깨달았다. 이 사람들에게는 주의를 기울여도 전혀 불쾌하지 않았다. 하지만 그래서인지 그 사람들에게 흥미가 생기지 않았고, 곧바로 불쾌함을 주는 사람 쪽으로 시선을 돌렸던 것이다.

자기긍정감이 높고 자신이 타인에게 어떻게 보이든 신경쓰지 않는 사람들이기에 위협적이지도 않고, 험악해 보이지도 않았다. 그 사람들은 무언가에 빠져 있지 않고 편안하게 앉아 있었다. 내 시야의 사각지대에 자기긍정감이 높아서 주변 사람의 언행에 일절 신경쓰지 않는, 내면이 평온한 사람들이 존재하고 있었던 것이다.

02 ▶ 이런 사람이 자기긍정감이 높다

자기긍정감이 높은 사람을 꼽아 보자면 학생 시절에 아르바이트를 하면서 만났던 사람이 떠오른다. 그 사람은 영어 회화 교사를 채용하는 인사과에서 아르바이트를 하는 선배였는데, 영어 실력이 정말 뛰어났다.

그 사람은 나와 어디가 달랐을까? 그 사람은 부끄러움을 느끼는 감각이 전혀 없다고 해도 무방할 정도였다. 자기긍정감이 높아서 자신의 모든 것을 긍정적으로 받아들였기 때문에 부끄러워하지 않고 당당히 영어로 이야기했다. 혹 잘못된 표현을 사용했더라도 움츠러드는 기색을 찾아볼 수 없었다.

실수를 저질러도 자책하지 않고 "아하! 그렇게 말하면 되는구나"라며 바로 고쳤다. 그리고 그렇게 바로 터득한 자신을 대견해했다. 그래서인지 학습 능력이 나하고는 비교도 안 될 정도로 좋았다. 무엇을 하든, 누가 무슨 일을 시키든 바로 습득했고, 자신의 리스트에 새로운 능력들을 더해 갔으며 모두 엘리트라며 그를 존경했다.

그렇지만 거만하게 굴지도 않았고, 과하게 겸손을 떨지도 않았다. 그래서 함께 있어도 불쾌한 느낌이 없었다. 내가 일을 잘못해도 그는 신경을 쓰지 않았다. 오히려 내가 업무 문제로 조언을 구하면 정확하게 핵심을 집어 주었고, 그러면 나는 바로 무릎을 치며 납득할 수 있었다.

더구나 자신이 가르쳐 주었다고 우쭐해 하는 유형도 아니었다. 그러니 나도 미안하거나 빚을 진 듯한 불편한 기분이 들 일이 없었다. 그는 별로 재밌는 사람이 아니었지만 존재만으로도 직장 분위기를 밝고 즐겁게 만들었다. 나는 그와 함께 일할 수 있어서 굉장히 즐거웠다.

대부분의 직원이 서양인이라서 항상 직원의 험담이 난무했지만, 단 한 사람, 자기긍정감이 높은 그 사람의 험담을 하는 사람은 없었다. 그 사람도 모두가 자신을 어떻게 생각하는지 전혀 신경쓰지 않는 듯했다.

나는 항상 여러 사람의 동향을 살피면서 혹여 다른 사람의 눈에 나쁘게 비쳐질까 조마조마한 마음으로 생활했다. 하지만 그 사람은 서류 작성을 할 때면 주변 사람이 눈에 들어오지 않는 듯 빠르게 일을 처

리했다. 그리고 전화 응대를 할 때도 상대와의 커뮤니케이션에만 확실히 집중했다. '다른 사람이 이 대화를 듣고 어떻게 생각할까?'라는 신경은 쓰지 않았다. 그래서 항상 신사적이면서 완벽한 대응을 했고, 사람들은 그를 대단하다며 우러러보았다.

지금 생각해 보면 그 사람이 대단해 보였던 것은 그 사람이 자기긍정감이 높았기 때문이라는 생각이 든다. 진심으로 '나는 대단해!', '훌륭해!'라고 생각했기에 학습 능력이 굉장히 높았고, 일류 대학도 졸업했으며, 해외 대학원에서 초청을 받아 유학까지 가게 된 것이다. 아르바이트는 유학 전 잠깐 하는 것이라고 했다.

딱 한 번 "어째서 당신같이 뛰어난 사람이 이 회사에서 아르바이트를 하는 건가요?"라고 물어본 적이 있다. 그러자 "무슨 일이든 경험이 되니까요"라는 대답이 돌아왔다. 나는 감탄할 수밖에 없었다. 신기한 점은 그 사람과 함께 있을 때면 '이 사람에 비하면 나는 한참 모자라'라는 생각이 전혀 들지 않는다는 점이다. 함께 있기만 해도 덩달아 자기긍정감이 높아지는 느낌을 받았다.

그 외에 또 자기긍정감이 높은 사람이 있었는지, 내가 만난 사람들을 머릿속에서 훑어보았다. 별로 없을 것 같았는데, 떠올려 보니 꽤 있었다. 나는 상담을 하면서 상담자의 마음이 회복되면 영어가 능숙해지는 사례를 수차례 보았다. 물론 수치심에서 해방되면 자연히 영어 회화가 능숙해질 수 있지만, 근본적으로 자기긍정감이 올라갔기 때문이라는 것을 깨달았다. 게다가 영어 이외의 학습 능력도 상당히 높아져서 수준급의 실력을 발휘하는 사람을 보고 놀란 적도 있다. 인간관계에서도 '아무것도 하지 않았는데, 존경받는 사람이 되었다'라는 이야기를 듣기도 했다.

예전에는 그 사람들의 커뮤니케이션 능력이 향상

되었기 때문이라고 생각했다. 그런데 사실은 자기긍정감이 올라가 자기 자신을 좋아하게 된 덕분에 주변 사람에게 사랑받고, 더 나아가 존경받을 수 있었던 것이다. 자기긍정감이 높아지면 학습 능력도 점차 올라가므로 점점 진보하게 된다. 그런 사람을 보면 앞으로 또 어떤 굉장한 일이 일어날까 가슴이 뛴다.

게다가 그런 사람들은 계속 심리 상담을 받으러 와도 미안한 마음이 들지 않는다. 평소 나는 심리 상담을 할 때 내 능력이 부족해서 도움이 잘 안 된다는 생각에 항상 미안한 마음을 품고 있었다. 그런데 자기긍정감이 높아진 사람이 오면 함께 이야기하는 것이 즐겁고 이 시간이 계속 이어졌으면 좋겠다는 생각까지 든다. 이는 아르바이트를 하며 만났던 그 선배와 함께 있을 때 느꼈던 기분과 비슷하다.

03 ▸ 이런 사람이 자기긍정감이 낮다

자기긍정감이 낮은 사람을 떠올려 봤을 때 가장 먼저 생각나는 사람은 바로 나였다.

어린 시절부터 나는 스스로 가치 없는 사람이라고 생각했다. 학창 시절에 누군가 장래의 꿈이 무어냐고 물으면 "빈곤한 나라에 가서 죽은 다음 묻혀서 거름이 되는 거예요"라고 대답했다. 내 가치는 거름 정도밖에 안 된다고 생각했기 때문이다.

자신을 가치 없는 사람이라고 여기면서도 한편으로는 다른 사람이 나를 어떻게 생각할지 항상 염려했다. "저 사람 왜 저래?" "저 사람 보기 흉하지 않아?"라는 말이 조금이라도 귀에 들어오면 마치 세상이 끝난 듯 눈앞이 캄캄해지고 침울해졌다. 그리고 '왜 나를 그런 식으로 생각할까?'라는 생각이 머릿속을 맴돌았다.

누군가 지적하거나 비판하면 그 내용이 머릿속에서 떠나지 않았다. 하지만 그 말을 새겨듣고 반성해서 고치려는 노력은 전혀 하지 않았다. 그저 지적하거나 비판한 상대를 원망했고, 복수할 방법이나 계략에 빠뜨릴 궁리를 하기도 했다.

자기긍정감이 낮았기에 내가 노력한들 아무것도 바뀌지 않을 거라는 생각밖에 없었다. 그래서 분노한 만큼 성공해서 보란 듯이 갚아 주겠다는 마음을 먹을 수가 없었다.

어떻게든 해보겠다고 노력을 시작해도 낮은 자기긍정감이 도중에 발목을 잡았다. 작심삼일로 끝나기가 부지기수였기에 마음먹고 구매한 책도 다 읽지 못했고 책장에 쓸데없이 책만 늘어 갔다.

그렇게 자신을 형편없이 바라보면서도 한편으로는 누군가가 나를 대단한 사람으로 인정해 주길 바랐다. 그래서 다른 사람에게 충고하기도 하고, 곤란을 겪는 사람이 있으면 내가 할 수 없는 일인데도 잘난 체하며 끼어들었다. 그렇게 도와주면서 인정을

받고 싶었다.

　그런 마음으로 어디에 있든 세상 누구보다 다른
사람에게 신경을 썼고, 필요 없는 배려까지 서슴지
않고 했다. 그리고 나와 같은 자리에 있으면서도 똑
같이 배려하지 않는 다른 사람과 나를 비교하면서
"왜 저 사람은 배려심이 없지?"라고 비판했다.

　하지만 나중에는 내가 신경쓰는 만큼 아무도 알아주

지 않는 느낌이 들었다. 나만 손해를 보는 것 같았다. 결국 '이제 다른 사람에게 신경쓰고 싶지 않아!'라는 생각마저 들었다. 하지만 자기긍정감이 낮았으므로 누군가가 언짢은 기색을 보이면 내 탓은 아닌지 두려웠다. 나는 여전히 상대에게 신경쓰는 일을 멈출 수 없었고, 나와 사람들 사이에는 어느새 이상한 상하 관계가 생겼다.

스스로 만든 상하 관계인데도 말단 취급을 당할수록 인간관계가 싫어졌다. 그래서 어떤 약속을 해놓고 약속 시간 직전이 되어서야 '역시 거절하는 게 좋을까?', '하지만 거절하면 사람들에게 외면당하지 않을까?'라고 고민했다. 결국 답을 얻지 못한 채 약속을 지키지 못하는 일도 있었다. 이런 식으로 스스로 인간관계를 깨뜨리면서 자기긍정감은 점점 더 낮아졌다. 그래도 사람들에게 외면당하는 것이 두려워서 나보다 다른 사람을 신경쓰고 우선시했다.

그런데도 이렇게 희생하는 나를 상대가 인정해 주지 않는다는 마음에 상대를 원망했다. 상대가 "항상 감사합니다" "배려해 주셔서 고마워요"라고 표현해도 상대의 감사를 있는 그대로 받아들이지 못했다. 처음에는 기뻤지만 금세 안 좋은 기분에 사로잡혔다. 상투적인 겉치레 표현일 뿐이며, 내 본심을 모르니까 칭찬해 주는 거로 생각했다. '저 사람도 곧 나를 미워하게 될 거야'라는 마음이 결국 스스로를 그 방향으로 끌고 간 것이다.

좋은 일이 생겨도 내가 일을 망쳐서 곧 안 좋은 일이 닥칠 거라고 확신했고, 마음은 항상 불안했다. 그리고 정말로 실패해서 우울해지면 "것 봐! 역시 나쁜 일이 일어났잖아"라며 자기긍정감을 더욱 떨어뜨리는 생각만 했다.

이렇게 안 좋은 생각을 하는 사람은 세상에 나밖에 없는 듯했다. 그런데 자기긍정감이 낮은 사람의 특징을 살펴보면서 그동안 내가 신경썼던 사람 모두가 자기긍정감이 낮다는 사실을 깨달았다. 가령 타인을 비판하는 사람은 자기긍정감이 높아 보여도 자기 자신을 긍정적으로 바라보지 못하므로 타인을 비판하는 것이다. 비판적인 사람은 자기긍정감이 낮다는 것은 눈이 확 뜨이는 일이었다.

사실 자기긍정감이 높으면 타인을 비판할 필요가 없다.

또한 나는 누군가 언짢은 기색을 보이면 내 잘못 때문은 아닌지 전전긍긍했다. 그렇게 다른 사람에게 언짢은 기분을 표출하는 사람은 자신의 감정을 솔직히 표현하므로 자기긍정감이 높아 보였다. 하지만 정말 자기긍정감이 높으면 있는 그대로의 자신을 받아들이므로 주변 사람에게 영향을 받아서 언짢아질 일이 없다.

우리는 흔히 누군가로 인해 기분이 언짢아지면 '도대체 저 사람은 왜 저러는 거야?'라며 상대의 기분을 머릿속으로 곱씹으면서 분노를 점점 키운다.

하지만 자기긍정감이 높은 사람은 타인의 기분을 별로 신경쓰지 않는다. 그래서 분노를 느껴도 금세 가라

앉으므로 쓸데없이 신경을 쏟을 일이 전혀 없다.

이렇게 내가 신경썼던 사람들 모두 자기긍정감이 낮다는 사실을 알게 되자 나는 놀라움으로 입을 다물 수가 없었다. 자기긍정감이 높은 사람은 내 시선을 끌지 않은 사람들이었던 것이다.

04 ▶ 지금 어떤 자기부정을 하고 있는가?

어린 시절 학교가 끝나고 친구와 밖에서 놀다가 즐거운 마음으로 집에 돌아오면 어머니가 무서운 표정으로 나를 기다리곤 했다. 그리고 "숙제도 안 해 놓고 뭐하는 거야!"라고 불호령이 떨어졌다.

나는 즐거운 마음을 안고 집에 돌아왔지만, 오자마자 할 일도 제대로 못한 쓸모없는 인간이라는 취급을 당했다. 내 자기긍정감은 한없이 아래로 떨어졌다. 어머니는 연이어 "숙제를 다 하고 놀러 나가겠다고 약속해 놓고 왜 지키지 않니!"라고 호통을 쳤다. 나는 또다시 약속을 지키지 않는 사람이라는 낙인이 찍혔고 더욱더 자기긍정감이 낮아졌다.

어머니는 거기에 그치지 않고 "일전에 시험은 어떻게 됐어! 가지고 와 봐!"라고 소리를 질렀다. 나는 책가방 바닥에서 100점 만점에 5점을 받은 꾸겨진 답안지를 꺼내어 쭈뼛거리며 어머니에게 내밀었다. 어머니는 부들부들 떨면서 눈물을 흘렸다. 나는 어머니를 슬프게 하는 최악의 인간이 되었다. 이 시점에서 나는 더 살 가치가 없다고 느꼈고, 슬퍼하는 어머니 앞에서 혼이 빠져나간 좀비처럼 멍하니 서 있었다.

어른이 되어 이렇게 스스로 자신을 꾸짖는 것이 자기부정이다.

나는 책상 위가 지저분하면 이런 것도 제대로 못

치운다고 자책하면서도, 선뜻 나서서 치우지도 못했다. 그러면서 행동하지 못하는 자신이 한심하다고 자기부정을 했고, 자기긍정감은 낮아져 갔다.

또한 밥을 먹고 난 뒤에는 아무것도 먹지 않기로 다짐했는데, 식후에 과자를 한 봉지 다 비울 때가 있다. 그러면 먹어 버린 자신이 한심스러웠다. 나는 의지가 약해서 자제가 안 되는 형편없는 인간이고, 배가 부른 데도 과자까지 먹어치운 자신이 게걸스럽게 느껴졌다. 쓸데없는 짓만 하는 멍청이라고 계속해서 자기부정을 했으므로 자기긍정감은 더욱 떨어졌고, 내가 마치 바퀴벌레만도 못한 더러운 존재가 되는 것 같았다. 어린 시절에 어머니에게 연달아서 부정을 당했던 것처럼 어른이 되어서도 자꾸 자신을 부정하는 생각만이 떠올랐다.

잠들기 전에는 낮에 일하면서 있었던 일들을 곱씹었다. 우쭐해져서 상대의 기분을 헤아리지 못했다고 느껴질 때는 '어째서 그때 그렇게 바보 같은 말을 했지?'라고 괴로워했다. 나보다 강해 보이는 사람에게 아무 말도 하지 못했던 상황이 떠오르면 '그때는 왜 내 생각을 확실히 표현하지 못했을까?'라는 생각과 함께 겁쟁이 같은 자신이 싫어졌다. 이렇게 자기부정을 하면서 점점 '나는 존재할 필요가 없는 게 아닐까?'라고 할 정도로 자기긍정감이 낮아졌다.

그렇다면 나는 무엇을 위해 자기부정을 했던 걸까? 반성하고 더욱 성실한 사람이 되기 위해서일 것이다. 하지만 바뀌는 것 없이 계속 자기부정만 하다 보니 '나는 머리가 이상한 건지도 몰라'라고 한층 더 깊은 자기부정의 늪에 빠지고 말았다.

자기부정은 하면 할수록 자기긍정감이 낮아지고, 아무것도 달라지지 않는다.

그러면 '나는 바뀔 수 없어'라고 믿게 되고, 또다시 자기긍정감이 낮아지는 악순환이 이어진다. 결국 자신은 약점밖에 없는 인간이라고 스스로 낙인을 찍고 만다.

우리는 이렇게 자기부정을 통해 자기긍정감이 낮아지는 과정을 반복한다. 그런데 나도 모르는 사이에 자기부정을 하는 사고 패턴도 있다. 바로 과거의 일을 끄집어내어 검증하기를 반복하는 것이다.

꽤 오래전에 있었던 일이다.

전철 안에서 자리에 앉아 있었는데, 옆에 한 아저씨가 털썩 앉더니 보란 듯이 신문을 활짝 펼치고 읽기 시작했다. 다른 곳에도 자리가 많이 비어 있었던 터라 나는 기분이 상했다. 그때를 생각하면 안 좋았던 기분이 되살아난다.

그저 안 좋았던 일이 떠올랐을 뿐이라고 생각할 수도 있지만, 사실은 자기부정을 하고 있는 것이다. '그 사람은 내가 약해 보이니까 일부러 나를 괴롭혀서 스트레스를 해소한 거야!'라고 자신을 부정하는

방법이다. 자신은 모르는 아저씨에게 바보 취급을
당할 만큼 형편없다고 나도 모르는 사이에 자기부정
을 하는 것이다.

　가끔은 전철을 타고 이동하다가 갑자기 '팀장님은
다른 사람한테는 한마디도 안 하면서 왜 나한테만
지적을 하는 거지?'라고 직장 상사에 대한 분노가 솟
아오를 때도 있다. 이것은 사실 '나한테 상사의 눈에
거슬릴 만한 요소가 있는 게 틀림없어'라고 무심결에
자기부정을 하고 있는 것이다. 즉 잊은 줄 알았던 상
대에 대한 분노가 불현듯 솟아나는 것은 자기부정을
하는 버릇인 셈이다.
　마치 상대를 비난하는 듯하지만 사실은 자기부정
을 하고 있을 뿐이다. 상대를 비난하면 할수록 자기
부정이 깊게 뿌리내려서 자기긍정감이 점점 낮아지
게 된다.

05 ▸ 낮은 자기긍정감이
좌절감을 부른다

나는 어린 시절부터 자기긍정감이 낮았다. 보기 흉하고 더러워서 모두에게 미움 받는 존재라고 생각했다. 어머니를 슬프게 해서 눈물을 쏟게 만드는 영혼이 없는 좀비 같았다.

초등학생 시절, 하루는 이런 일이 있었다. "자, 다섯 명씩 그룹을 만들어 보자"라는 선생님의 지시에 반 아이들은 재빨리 친구들끼리 그룹을 만들었다. 내 주변에 점점 다섯 명씩 그룹이 생겼지만, 나는 우두커니 서 있었다. 우리 반은 41명이었으므로 결국 나 혼자만 그룹에 들어가지 못하고 교실 한가운데에 서서 울먹거렸다.

선생님은 "오시마를 넣어줄 그룹 있니?"라고 하셨고, 아이들은 야유하는 듯한 소리를 내며 웅성거렸다. '모두 나를 싫어해서 넣어주지 않는구나'라고 생각한 나는 자기긍정감이 바닥으로 내려갔고, 비참한 기분이 들어 눈물이 솟구쳤다. 선생님이 귀찮다는 듯이 "자, 그럼 반장이 있는 그룹에 넣어줘"라고 하자 "네?"하고 짜증 섞인 목소리가 들려왔다. 그 그룹으로 가서 앉아 있었지만, 친구들은 나를 외면했다. 나는 얼굴도 들지 못한 채 눈물을 흘려야 했다.

나를 외면했던 친구들이 모두 나쁘다는 말이 아니다. 내가 만약 자기긍정감이 낮지 않았다면 스스로 "같이 하자!"라고 옆에 있던 아이에게 말을 걸었을 것이고, 외면당할 일도 없었을 것이다.

자기긍정감이 낮은 나는 먼저 나서지 못하고 누군가가 나에게 말을 걸어주기만을 수동적으로 기다렸다.

지나치게 소극적이고 어리광만 부리는 사람과는 아무도 같이 작업하고 싶지 않을 것이 분명했다. 사실 누군가가 나에게 "같이 하자!"라고 말을 걸어 주었다고 해도 동정하는 마음이었을 것이므로 대등한 관계가 될 수 없었다. 하지만 나는 자기긍정감이 낮아서 그런 취급을 당하는 게 당연하다고 여겼다. 그때는 정말 쥐구멍이 있다면 들어가고 싶은 심정이었다.

공부에 관해서도 부모님은 항상 "너는 하면 할 수 있는데, 왜 공부를 하나도 안 하니?"라고 하셨다. 하지만 나는 반에서 꼴등을 해도 '내가 공부를 잘할 리가 없잖아'라고 생각해서 손을 놓고 있었다. 부모님이 "너는 그렇게 터무니없는 점수를 받고 분하지도 않니?"라고 하시면 "분해요"라고 대답은 했지만, 해봤자 당연히 안 될 거라며 공부하기 전부터 포기했고, 당연히 공부에 집중할 수도 없었다.

나는 '할 수 있다!'라는 감각을 전혀 느껴보지 못했다.

'공부는 할 수 있다는 생각만 있으면 잘할 수 있다'라는 이야기는 어린 시절부터 들어왔지만, 마치 다른 세상 이야기처럼 들렸다.

나중에서야 그 시절에 좀 더 공부하지 않은 것을

후회했고, 공부를 안 해서 인생이 바닥으로 내려갔다며 자신을 원망했다. 그렇게 자기긍정감이 떨어졌고, 공부를 포기한 형편없는 인간이라는 탈을 계속 벗지 못했다.

06 ▸ 나는 왜 정리정돈을 하지 못하는가

무엇을 해도 어중간하고 아무것도 달성하지 못하는 느낌은 청소를 하는 상황에도 영향을 미친다.

방을 깨끗하게 치우려고 해도 '어차피 나는 깨끗이 청소하는 능력이 없어'라는 기분이 되기 때문이다. 그러면 청소 작업이 끝이 보이지 않는 느낌이 들어서 '다 끝내지도 못할 텐데 열심히 해서 뭐해'라는 마음으로 바닥에 떨어진 잡지를 읽기 시작하거나 갑자기 손톱이 신경쓰여서 자르기도 한다. 혹은 텔레

하지만 잠시 후

비전을 보면서 빈둥거리다가 끝내 "아, 역시 난 청소에 소질이 없어"라며 손을 놓아 버린다. 그러면 엉망이 된 방을 보고 절망에 빠진다.

방이 지저분하면 아무도 집에 초대할 수가 없다.

'이런 더러운 방에 살고 있다는 걸 들키면 사람들이 싫어할 거야'라고 겁이 나기 때문이다. 이렇게 방이 자신의 가치를 떨어뜨리는 오점이 된다. 가방 안에도 마치 쓰레기통처럼 서류가 뒤엉켜서 한데 뭉쳐 있지만 버리지 못한다. 이렇게 물건을 버리지 못하는 까닭은 무엇일까? 자기긍정감이 낮아서 마음속 어딘가에서 자신을 쓰레기보다 아래로 보고, 가방 속의 쓰레기조차 '중요한 것이면 어쩌지?'라고 생각하기 때문이다.

자신의 가치가 높으면 '그런 건 쓰레기니까 당장 버리자!'라고 할 수 있는데, 자신의 가치가 상당히 낮아서 버리지 못한다. 그러면 더러운 물건들이 한

없이 가방 속에 쌓이게 된다. 그리고 이런 가방 안쪽을 누군가 본다면 미움 받을 거라고 생각하면서도 깨끗하게 치우지 못한다. 결국 실제로 누군가가 보고 '뭐야, 가방이 왜 이렇게 더러워'라고 무시하면 비참한 기분이 된다.

누구나 '하면 되는데!'라고 생각하지만 자기긍정감이 낮으면 '하면 되는데, 나는 할 수 없어', '내가 될 리가 없어'라고 생각하므로 행동으로 옮기지 못한 채 주변에서 무시당하고 멸시당하는 상황을 만들고 만다.

자기긍정감이 낮기 때문에 그런 식으로 생각하는 것뿐인지도 모르지만, 그런 상황에서 빠져나가지 못하는 것이 문제다. 내가 회사에 다니던 시절, 제대로만 되면 크게 성공할 만한 큰 프로젝트를 기획한 적이 있었다.

자기긍정감이 낮았던 나는 이 기획을 인정받고 싶어서 "이런 기획을 세워봤는데 어떻습니까?"라고 주변 사람에게 자신 없는 말투로 물어보았다.

그러자 "이 부분이 문제 아닐까?"라고 지적을 받았다. 자신감이 없던 나는 뜨끔해서 수정하고 싶지 않은데도 들은 대로 수정했다. 그리고 또 다른 사람에게 수정한 기획을 가지고 가서 "어떻게 생각하세요?"라고 물어봤다. 그 사람은 "여기가 이상해. 모순이 있는 것 같아"라고 대충 이야기했다.

모두 자기 마음대로 말을 했고, 나는 계속 고쳤으므로 점점 내가 세웠던 기획에서 멀어져서 마치 프랑켄슈타인처럼 보기 흉한 기획이 되고 말았다.

결국 내가 원하던 기획이 아니라서 나는 환멸을 느꼈고, 역시 뭘 해도 안 되는 기분만 확인했다. 힘들게 잡은 기회가 하수구 속으로 들어가는 듯했다.

자기긍정감이 높았다면 다른 사람에게 인정받고 싶거나 이해받고 싶다는 생각에 사로잡히지 않고 자신감 있게 진행했을 것이다. 그리고 보란 듯이 완성해 냈을 것이다.

자기긍정감이 낮아서 자신이 부족하다고 믿으면

주변 사람에게 휘둘리고, 생각한대로 진행되지 않는 것이 당연한데, 그 당시 나는 어찌할 바를 몰랐다.

07 ▸ 낮은 자기긍정감은 정말로 바꿀 수 없는가

자기긍정감이 낮으면 항상 머릿속이 불안함으로 가득 차서 안 좋은 일만 연달아 떠오른다. 마치 수렁에 빠진 것 같고 그곳에서 쉽게 빠져나올 수 없다. 좋은 일이 생기면 불쾌한 기분에서 빠져나오는 듯해도 다시 안 좋은 일이 생겨서 불쾌한 기분이 머릿속을 휘젓고 다닌다.

　도대체 왜 그러는 것일까? 내 겉모습은 충분히 어른이었지만 자기긍정감이 낮은 탓에 내면은 아직 어리다는 느낌이었고, 이대로 성장하지 못할 것 같았다. 어린 시절부터 줄곧 바뀌는 것이 없었기 때문이다.

사소한 일로 마치 아이처럼 화를 내는 것도, 다른 사람의 기분을 신경써서 한없이 끙끙 앓는 것도 그렇게 하지 않으려고 몇 번이나 단단히 결심했지만 바뀌지 않았다. 지금까지 아무리 바뀌자고 노력을 해도 바뀌지 않았기 때문에 낮은 자기긍정감은 바꿀 수 없다고 생각하는 것이 어찌 보면 당연했다.

바꿀 수 없다고 생각하면서도 한편으로 '나는 자기긍정감을 높이면 안되는 게 아닐까?'라는 생각까지 했던 시기도 있었다.

자기긍정감을 높이면 안된다고 생각했던 가장 큰 이유는 우쭐해 하면 반드시 호되게 당한다는 공포가 있었기 때문이다. 이솝우화 '개미와 베짱이'의 베짱이만큼은 아니었지만, 우쭐하고 있으면 겨울이 왔을 때 혹독한 추위를 맞을 것 같았다. 그래서 자기긍정감을 높이는 것이 두려웠다.

이제까지 한 번도 자기긍정감이 높았던 적은 없었

지만, 좋은 일이 생기면 뒤이어 나쁜 일이 일어난다는 법칙을 믿었다. 자기긍정감이 높아지는 것은 좋은 일이므로 반드시 그 후에 나쁜 일이 덮쳐 와서 밑바닥으로 추락할 거라는 공포가 있었다.

다른 한 이유는 주변 사람들에게 미안한 마음이 들어서였다.

부모님은 항상 일하느라 괴롭고 힘들어하셨다. 그렇게 힘들게 일해서 나를 키워주셨는데, 나는 아무런 보답도 하지 못해서 죄송스러운 마음이 항상 가득했다.

그래서인지 친구와 즐겁게 놀고 있을 때도 문득 '부모님은 힘들게 일하고 계시겠지'라는 생각이 머리를 스쳤다. 그러면 마치 꿈에서 현실로 복귀하는 기분이었고 웃을 수가 없었다. 그런 일이 버릇된 탓인지 즐거운 기분이 들면 항상 불행한 사람이 머릿속에 떠올라서 즐거움은 사라지고 죄스러운 마음만 남았다. 그래서 내가 자기긍정감을 높이려고 하면 마음속 어딘가에서 죄책감이 생겨나 그것을 방해했을지도 모른다.

그렇기에 심리 상담을 하러 온 상담자와 처음 만났을 때는 자기긍정감이 낮은 동료를 만난 듯 반가웠다. 자기긍정감이 낮은 것이 얼마나 힘든지 공감했기 때문이다. 그러다가 상담자가 점차 마음을 회복해서 자유로워지면 상담자의 자기긍정감이 높아지는 것이 느껴졌다. 그렇다고 싫은 감정이 생기거나 내 낮은 자기긍정감이 자극받는 것도 아니었다.

학생 시절 아르바이트에서 만난 선배처럼 함께 이야기할수록 내 자기긍정감까지 높아지는 느낌이 들어 감동적이었다.

자기긍정감이 높아지는 사람이 있어도 아무도 불행해지지 않고 오히려 주변 사람들이 계속 행복해졌다. 그런 모습을 보면서 도대체 나는 무엇을 두려워한 건지 의문스러웠다.

그리고 어린 시절 연을 날리던 기억이 떠올랐다.

연이 낮게 날면 바로 떨어질 것 같지만 일단 높게 올라가면 잘 내려오지 않아서 곤란해진다. 한번 상승기류를 타면 그 위에서 떨어지지 않고 자유롭게 하늘을 날 수 있다. 그런 연처럼 자기긍정감이 높아져서 자유를 찾은 상담자를 보고, 나는 무엇을 불안해했는지 되짚어 보았다.

좋은 일이 있다고 해서 반드시 나쁜 일이 일어나는 것이 아님을 깨달은 것이다.

그뿐 아니라 점점 자유로워진 상담자의 주변에서는 신기한 일이 일어났다. 자기긍정감이 낮은 내 주변에는 안 좋은 일만 일어나는데, 자기긍정감이 높아진 상담자는 멋진 일이 자꾸 일어난다고 했다. 그리고 머지않아 자기긍정감이 높아진 상담자는 좋은 일이나 나쁜 일에 의미를 두지 않는 수준에 도달했다.

앞뒤의 일은 하나도 생각할 필요 없이 지금을 살아갈 수 있게 되었고, 주위에서는 그것을 보고 부러워했다. 내가 자기긍정감이 높아져도 괜찮다고 마음속으로 느낀 순간은 바로 그때였다. 그전까지 자기긍정감은 바뀔 수 없다고 생각했던 것은 자기긍정감이 높아지면 힘든 일이 생길 거라고 두려워했기 때문이었다. 그것이 불식된다면 내 자기긍정감도 높아질 수 있을 거라는 희망이 생겼다. 자기긍정감이 높아지면 어떻게 될까?

나는 두근거리는 감각을 즐기게 되었다.

제2장

자기긍정감을
바로 높이는 방법

당당!

08 ▸ 책임감을 없애면
자기긍정감이 올라간다

전철을 탔는데 운 좋게 한 자리가 비어 있어서 냉큼 앉았더니 곧바로 노인이 전철에 탄 적이 있다. 나는 양보해야 한다고 순간적으로 생각했지만, 혹시 본인은 노인이라고 생각하지 않는데, 내가 양보해서 불쾌해하지는 않을지 쓸데없이 고민하기 시작했다.

동시에 '이걸 변명 삼아서 편하게 앉아서 가고 싶은 게 아닐까?'라는 마음이 들었다. 그래서 또다시 양보하려고 마음먹었는데, 혹시 양보했다가 거절당하면 창피하다고(주변 분위기가 나빠진다) 상상해서 주저했다.

이렇게 생각하는 동안 옆에 앉은 여성이 "여기 앉으세요"라고 양보하는 것이 아닌가. 나는 '아뿔싸' 하고 후회했다. 그리고 잊었다면 상관없겠지만, 집에 돌아간 뒤에도 나는 줄곧 이 일을 떠올렸다. 다른 사람이 양보할 때까지 기다린 것은 비겁하며, 패기도 없어서 창피를 당하는 것이 두려워했다는 생각이 머릿속을 떠나지 않았다. 결국 형편없는 내 모습에 자기긍정감이 바닥으로 하락했다.

사는 게 싫어질 정도로 나 자신이 정말 부끄러웠다.

그리고 "이런 생각만 하니까 자기긍정감이 밑바닥으로 내려가는 것 같아"라고 다른 사람에게 이야기했더니 "그냥 생각이 지나친 거 아냐?"라고 웃음을 사고 말았다. 생각을 멈추면 될까 싶었지만 같은 상황에 놓이면 역시 생각을 멈출 수가 없었고, 또다시 같은 과정을 되풀이했다.

이것은 지나치게 강한 책임감이 원인이기도 하다.

내가 해결해야 한다고 압박을 느끼거나 자신이 주변에 불쾌함을 준다는 식으로 책임감을 강하게 느끼면 온갖 일을 자기 탓이라고 자책할 소재만 늘어난다. 자책하면 할수록 자기긍정감이 낮아지므로 자신이 모두에게 나쁜 영향을 준다는 생각에 빠지고, 책임감은 더욱 강해진다.

그래서 책임감을 없애야 한다. 사실 그 방법은 어렵지 않다. 전철 안에서 자리를 양보해야 한다는 생각에 초조해지기 시작하면 '책임감을 없애자!'라고 속으로 생각하는 것이다. 여러 가지 일에 지나치게 책임감을 느끼므로 책임감을 없애자고 생각하면 다른 사람의 기분을 머릿속으로 헤아리지 않고 당당하게 일어서서 "여기 앉으세요"라고 자리를 양보할 수 있다.

책임감이 있는 사람이 더 친절할 거라고 생각했지만, 책임감이 없으면 오히려 자동적으로 움직일 수도 있다는 사실에 나도 깜짝 놀랐다. 그리고 조금 당당해진 내 모습에 자기긍정감이 조금씩 올라가는 것을 깨달았다.

한 여성이 어느 날 회사에 출근했는데, 상사 여직원의 심기가 불편한 모습을 보았다고 한다. 그래서 '내가 어제 저지른 일로 화가 났나?' 하고 불안해졌다. 궁금해서 물어보고 싶을 정도였다.

평상시 이럴 때 상사 여직원에게 말을 걸었다가는 날벼락이 떨어졌을 것이다. 그러면 '역시 저 사람은 나를 미워해'라며 자신이 형편없게 느껴졌을 것이고, 자기긍정감은 밑바닥으로 내려갔을 것이다.

그래서 책임감을 없애자고 생각해봤다.

그러자 즉시 '회사에서 언짢은 기분을 드러내는 건 바보 같은 짓이야'라는 말이 머릿속에 떠올라서 스스로 조금 놀랐다. 그렇게 당당한 태도를 유지했더니 어느새 상사 여직원이 자신에게 신경을 쓰게 되어 신기했다고 한다.

평상시라면 자신이 전전긍긍하다가 일방적으로 당하는 패턴이었지만, 전혀 반대가 되었다. 이전에는 그런 적이 없었는데, 상사 여직원이 "차 끓였는데 마실래?"라며 들고 왔다고 한다. 그때 여성이 "아, 지금은 괜찮아요"라고 거절하면서 입장이 역전되었다. 이러면 자신이 잘했다는 생각에 기분이 좋아지고 자기긍정감이 올라간다.

어느 회사원은 거래처와의 약속 시각에 늦어서 택시를 탔는데, 택시기사가 멀리 있는 길로 돌아가는 것을 발견하고 "뭐? 하시는 거예요!"라고 화를 냈다고 한다. 이때 '나를 우습게 보고 일부러 비싸게 받으려고 하네', '내 변변찮은 모습 때문에 상대에게 무시당했어'라며 별별 생각이 다 들었다.

한편으로는 화를 내고도 이상하게 책임감이 들어서 '택시기사가 상처받아서 일을 못하게 되면 어떡하지?', '내 생각이 틀려서 택시기사에게 상처를 줬을지도 몰라'라는 식으로 걱정했다는 것이다.

이처럼 불쾌한 생각이 머릿속에서 떠나지 않으면 '책임감을 없애자!'라고 해본다.

그러면 '일은 제대로 해야지'라는 말이 머릿속에 떠올라서 자책하지 않게 된다. 만약 목적지에 도달한 택시기사가 "죄송합니다. 요금은 반만 주셔도 됩니다"라고 했을 때 예전이라면 "아닙니다. 내겠습니다"라고 상대의 생활을 걱정했을 것이다. 하지만 책임감을 지우면 당연히 그래야 한다는 마음으로 요금을 반만 내고 기분 좋게 목적지로 향할 수 있다.

평상시라면 시간이 흘러도 '내가 왜 그런 말을 했을까', '어째서 나는 항상 그런 일을 당하는 걸까'라는 생각이 머릿속을 떠나지 않았겠지만, 책임감을 없애면 '잘 말했어!', '요금을 반만 낸 건 잘한 일이야'라고 자신을 긍정적으로 바라볼 수 있다.

책임감이 강하면 강할수록 자기긍정감은 내려간다. 책임감을 없애자고 마음먹고 모든 책임감을 내려놓으면 한결 편해질 것이다.

09 ▶ 순순히 따르는 것이 편할 때가 있다

회사에서 상사가 "이 일 좀 해놔"라고 지시했는데, '아니 왜 나한테 이런 의미 없는 일을 시키는 거야?'라고 언짢아질 때가 있다.

그러면 '나를 안 좋게 평가하고 있는 건가?', '내 태도가 마음에 들지 않는 건가?', '혹시 계략에 빠뜨리려고 하는 건가?'라는 식으로 멋대로 예상한다. 결국 자기긍정감이 낮아져서 본인을 좋은 평가도 받지 못하고, 태도도 불량하며, 미움받아서 계략에 빠지는 한심한 인간이라고 여기게 된다.

그런 상태에 빠지면 업무에 필요한 자료를 읽으려고 해도 '이런 거 읽어봤자 무슨 의미가 있어?'라며 눈에 들어오지 않는다. 결국 인터넷이나 보면서 시간을 낭비하고 만다. 그런 모습을 보고 선배가 "이런 식으로 해보면 어때?"라고 조언을 해도 해야 할 의미를 찾지 못하고 마음대로 정리해서 실패한다. 결국 자신을 한심하다고 믿는 만큼 안 좋은 결과가 나와 버린다.

그 모습을 본 선배도 실망하는 기색을 내비친다. 따라서 자신의 의견도 듣지 않고, 의미가 없는 일을 시킨 상사가 점점 싫어지고, 회사에도 가기 싫어진다. 회사에 다니는 의미를 잃어버리고 마는 것이다. 하지만 회사를 관둔다고 해도 자신을 고용해 줄 곳이 없을 것 같다. 이렇게 회사를 관두는 일을 생각해도 자기긍정감이 내려갈 뿐이다.

사실 자기긍정감이 낮은 사람은 저도 모르는 사이에 의미 있는 일이나 옳은 일을 해서 주변에서 인정받고, 자기긍정감을 높이려고 한다. 하지만 그러려고 하면 할수록 자기긍정감이 내려가게 된다. 고결한 행동을 하는 사람일수록 주변의 질투를 유발하는 '질투의 법칙'이 있기 때문이다.

예를 들어 상사는 자신이 받아야 할 칭찬을 부하 직원에게 빼앗길지도 모르는 상황에서는 질투로 인해 발작을 일으키는 상태가 된다. 올바른 일을 하는 부하 직원을 질투해서 심술궂은 인격으로 변신하는 것이다. 그렇게 되면 자신은 말하고 싶지 않았지만, 어느새 부하 직원에게 안 좋은 말을 내뱉게 된다.

술에 취하면 주변에 무턱대고 트집을 잡는 사람이 있다. 그것은 술 때문에 발작이 일어났기 때문이다. 그러면 인격이 달라져서 하지 않아도 될 말까지 내뱉는다. 질투를 느껴도 비슷한 발작이 일어난다. 안 좋은 말이 자꾸 입에서 나와서 자기긍정감을 떨어뜨린다.

그래서 회사에는 업무를 원활하게 진행하기 위해 '보고, 연락, 상담'이라는 비즈니스 매너가 있다. 이 방식은 질투로 인해 발작을 일으키지 않도록 해준다.

부하 직원이 자기 마음대로 움직이면 상사의 심기가 불편해져서 업무가 원활히 진행될 수 없기 때문이다. 이렇듯 '옳다, 그르다', '의미 있다, 의미 없다'의 판단을 스스로 하면 할수록 주변의 질투를 받기 때문에 자기긍정감이 내려가는 현상이 일어난다.

본인의 기준으로 옳고 그름이나 의미를 판단하는 것을 나는 '만능감'이라고 부른다.

자신이 모든 일에 만능하다는 생각을 버리면 주변의 질투를 유발하는 일이 없어지고, 본인이 아무것도 하지 않아도 자기긍정감이 높아지게 된다. 얼핏 만능감이 높아야 자기긍정감이 높아질 것 같지만, 사실은 정반대다. 만능감을 버리면 뭐든지 지시대로 따를 때 훨씬 즐거워진다. 그러면 자기긍정감이 확 올라가서 주변에서도 인정받게 된다.

그런 만능감이 굉장히 높은 사람은 "아니야, 그건 틀렸어!" "저런 상사는 이상해"라는 자신의 주장이 옳다는 것을 누군가에게 인정받고 싶어서 친구에게 사정을 털어놓기도 한다. 회사 사람이 아니라 친구에게 이야기하므로 문제가 없을 거라고 본인은 생각한다. 그러나 질투의 법칙은 친구 사이에서도 효력을 발휘한다.

상사가 틀렸다고 친구에게 푸념할수록 항상 올바름만 추구하는 고결한 사람처럼 보이기 때문에 친구의 머릿속에도 질투가 생겨난다. 그러면 어느새 친구에게도 심술궂은 인격이 나타나서 "야, 그런 회사 그냥 관둬 버려" "그런 상사 말은 안 듣는 게 낫겠어"라고 조언을 한다. 굉장히 친한 사람이 해주는 조언처럼 들리지만, 사실은 심술궂은 인격이 고개를 들고 나타나서 상대를 위기에 빠뜨리는 말을 한 것이다. 그 말을 들으면 불쾌한 감정이 심해져서 더욱 회사에 가기 싫어진다.

그러니 만능감을 버리려고 해보자. 친구에게 상담하지 않고 상사가 하는 말을 순순히 따르면 신기하게도 상사가 그리 싫지 않게 된다.

누군가에게 상담하면 할수록 '내가 이상한 건가?'라고 자기긍정감이 떨어지고, 계속해서 이야기를 듣고 싶어진다. 그런데 상담을 멈춰 보면 불안하거나 괴로운 마음이 진정되고, 회사 일은 그리 큰일이 아니라고 생각할 수 있다.

그러면 자신이 일을 잘하고 있다고 긍정적으로 바라볼 수 있어서 자신감도 붙는다.

자신의 판단 기준이 무조건 옳다는 만능감을 버리면 자기긍정감은 자연히 올라간다.

10 ▸ 눈을 감고
자신의 이미지를 떠올려 보자

자기긍정감이 낮은 사람은 항상 타인의 일만 생각한다. 그래서 눈을 감고 자신의 모습을 떠올려 보았을 때 쉽게 상상하지 못한다. 맡기 싫은 냄새가 나면 뚜껑을 닫아서 차단하는 것처럼 자기긍정감이 낮으면 자신의 모습을 있는 그대로 직시하지 못하기 때문이다.

자기 자신과 마주하지 못하고 다른 사람의 일에만 이러쿵저러쿵 말을 한다. 항상 타인에게 시선이 향하고 자신은 외면한다. 그러면 자기 내면의 이미지가 비뚤어지고 '나는 사실 보기 흉한 존재인가?'라는 의문이 강해진다. 그리고 그런 자신을 보고 싶지 않아서 자기긍정감이 점점 낮아진다.

이렇게 자신의 이미지를 떠올리지 못하는 사람은 전신 거울을 통해 자신의 모습을 보고, 그 모습을 머릿속에 새겨 보자. 그리고 전철에 탔을 때, 휴식 시간에, 누군가와 통화할 때 잠깐씩 자신의 모습을 떠올려 본다.

전신 거울에 비치는 것이 옷을 입은 모습이어도 되지만, 아무것도 걸치지 않은 모습을 보고, 그 이미지를 떠올리면 더 도움이 된다. 부끄럽거나 싫은 느낌이 드는 것은 자기긍정감이 낮다는 증거다.

처음에는 부끄럽고 기분이 나쁠 수 있으나 매일 습관적으로 하다 보면 재밌는 일이 생긴다.

하루에 몇 번씩 자신의 모습을 떠올려 보면 먼저

자세가 바뀌고 태도에 자신감이 생긴다. 그리고 불필요한 음식에 손을 대지 않게 된다. 밤중에 아무리 과자를 먹지 않으려고 해도 멈출 수가 없었는데, 오히려 먹고 나면 기분이 나빠지기도 한다.

그렇게 반복해서 자신의 이미지를 떠올리다 보면 운동이 하고 싶어진다. 귀찮게만 느껴졌던 조깅을 저도 모르게 시작하게 되고, 어느새 거울 앞 자신의 모습을 매일 머릿속에 입력하는 것이 즐거워진다.

그전까지는 자신의 전신을 보는 일이 고통스러웠는데, 한결 편해진다. 그리고 자신의 모습이 즉시 떠오르고, 멋지게 느껴져서 자기긍정감이 높아지므로 점점 더 재밌어진다.

내가 만난 어떤 사람은 다른 사람들 앞에서 발표하는 일이 불편하다고 했다. 발표할 일이 있을 때마다 제대로 해내지 못했고, 점점 자신을 부정적으로 보게 되었다. 그는 어떻게 해야 다른 사람처럼 발표를 잘할 수 있을지 열심히 책을 읽고 공부했다. 다른 사람이 발표하는 내용을 듣고 흉내내기도 했다. 하지만 제대로 되지 않아서 우울할 따름이었다.

그래서 나는 본인의 모습을 이미지로 떠올려 보도록 했다.

처음에는 어두컴컴해서 아무것도 떠오르지 않는다고 했다. 그래서 집으로 돌아간 뒤 전신 거울을 통해 자신의 모습을 눈에 새기고, 출퇴근하면서도 직장에서도 반복해서 떠올리도록 했다. 그러자 흥미로운 사항을 발견했다.

그 사람은 자신이 발표할 때 시선이 아래로 향하는 것을 지금까지 몰랐던 것이다.

상사가 몇 번씩이나 "목소리가 들리지 않으니까 앞을 보고 말해"라고 했지만, 원고를 읽는 데 집중해서 점차 시선이 아래를 향했다. 그러자 발표를 듣는 사람은 흥미가 떨어졌고, 발표하는 본인은 그 분위기를 감지해서 '내 이야기가 재미없어서 그렇구나' 하고 해석했다.

자신의 모습을 이미지로 떠올리게 된 뒤에는 허리를 꼿꼿이 펴게 되었고, 발표할 때 모두의 얼굴을 보면서 이야기하게 되었다.

그뿐 아니라 발표할 때 자신이 하고 있는 포즈가 상대의 눈에 어떻게 비치는지 제대로 파악할 수 있었다. 그래서 어떤 포즈를 해야 자신 있어 보이는지 연구해서 스스로 좀 더 좋은 포즈로 바꾸었다. 그러자 목소리에도 생기가 돌아서 모두 자신의 이야기를 흥미롭게 듣는 것을 느꼈다고 한다. 다들 그 사람의 발표 실력을 칭찬했고, 본인도 그 사실을 당연하게 받아들였다. 아무리 책을 읽고 공부를 해도 고칠 수 없었는데, 자신의 이미지를 계속 떠올리자 확 달라진 것이다.

자기긍정감이 낮으면 자신의 모습을 보고 싶지 않으므로 어느새 체형이나 얼굴이 무너진다. 그러면 점점 더 자신을 보는 것이 싫어지고, 자기긍정감은 계속 떨어진다. 자신의 모습을 보고 이미지를 떠올리면 아름다워지려고 하지 않아도 저절로 용모가 단정해져서 달라진 자신의 모습을 확인할 수 있다.

동시에 자기긍정감이 높아져서 더욱 아름답고 멋지게 변해 간다.

진정한 아름다움은 내면에서 나온다는 말이 있는데, 그야말로 내면에 있는 이미지가 매우 중요하다는 것을 실감할 수 있다.

11 ▸ 맛있는 음식을 먹으면서 자기긍정감을 올리자

나는 가난한 집에서 자랐기 때문에 항상 굶주려 있었고, '뭔가 맛있는 걸 잔뜩 먹고 싶다'라는 바람이 있었다. 그래서 음식점에 가면 양을 지나치게 많이 시킨 다음 허겁지겁 먹었고, 다 먹은 뒤에는 후회가 몰려와서 나 자신이 한심해졌다.

한편 학창 시절부터 누군가와 함께 있으면 '맛있는 걸 먹이고 싶다'라는 마음도 강했다. 돈이 없어도 이리저리 궁리해서 요리를 만들어 친구에게 대접했다. 맛있다는 말을 듣는 것이 좋았다. 하지만 나 혼자 있을 때는 빵하고 치즈만 있으면 된다는 느낌으로 간단히 때우거나 저렴한 걸 먹으려고 했다.

회사에 근무하던 시절 상사가 "식사하러 가세"라고 권해서 밥을 먹으러 갈 때가 있었다. 그 상사는 "자네는 젊으니까 저렴한 곳에 가도 괜찮지?"라며 저렴한 식당에 데리고 갔다. 상사의 급여는 꽤 높은 편이었기에 나는 '뭐야. 쩨쩨하게'라는 마음이 들었고, 나를 소홀히 여기는 것 같아 속이 상했다. 그 상사는 다른 사람과 식사를 하러 갈 때는 비싼 고깃집에 갔는데, 나만 싼 곳에 데리고 가는 듯했다. 상사가 내게 기대하는 것이 없다는 생각에 내 자기긍정감은 낮아져 갔다.

하지만 나는 상사가 나에게 기대감을 품기를 바랐다. 그래서 그때부터 물불 안 가리고 열심히 일했다. 머지않아 내 실적은 쭉 올라갔고, 상사는 나를 좋은 음식점에 데리고 가 주었다. 식사를 하면서 나는 '역시 좋은 가게는 다르구나!'라고 맛에 감동하면서 동시에 상사가 나를 소중히 대해준다고 느꼈다. 그러자 자기긍정감이 올라갔고, 더욱 열심히 일해서 업무 실적도 쭉쭉 올라갔다.

그 후 시간이 흘러 어느새 나도 부하 직원을 두게 되었다. 그러자 입장이 바뀌어 이번에는 내가 부하 직원을 데리고 밥을 먹으러 가야 했다. 나는 '저렴한 곳에 가도 되겠지' 하고 저렴한 식당에 데리고 갔다. 그곳에서 식사를 하는데, 기분이 썩 좋지 않았다.

'부하 직원들은 나를 바보라고 여길지도 몰라', '나를 미워하는 게 아닐까?'라는 생각이 들자 나 자신이 형편없게 느껴졌다. 그래서인지 부하 직원을 대할 때도, 그 자리에 있는 주변 사람에게도 "왜 이렇게 시끄러워!"라고 공격적으로 되었다. 내가 이렇게 그릇이 작은 사람이었다니, 나는 우울해지는 날이 늘어났다.

어느 날 집에 혼자 있을 때 음식을 만드는 것이 귀찮아서 저녁을 과자로 해결한 적이 있다. 그러자 어쩐지 삭막한 기분이 들어서 결국 컵라면을 먹기 시작했다. 그래도 어쩐지 침울한 기분이 가시지 않아서 단것을 먹기로 했다. 그런데 편의점에서 산 케이크를 먹었더니 오히려 기분이 나빠져서 좀처럼 잠이 오지 않았다. 결국 이불 속에서 지금까지 있었던 안 좋은 일을 이리저리 생각하다가 밤새 뒤척이고 말았다.

정신을 차리고 보니 창밖이 밝아지고 있었다. 나는 악몽을 꾸는 기분으로 회사에 갔다. 푹 꺼진 기분으로 전철에 탔을 때 왜 이렇게 비참한 기분이 되었는지 알고 싶었다. 먼저 어떤 상황에서 자기긍정감이 올라가는지 떠올려 봤다. 그러자 상사가 맛있는 음식을 대접해 주었을 때가 떠올랐다. 어쩌면 이와 반대로 내 식사를 챙기지 않고 대충 때우면 자기긍정감이 낮아지고 기분이 안 좋아지는 것이 아닌가 싶었다.

그래서 집에 돌아가는 길에 싸고 신선한 채소를 사서 맛있는 샐러드를 만들어 보기로 했다. 신선한 샐러드를 맛있게 먹고 나니 어쩐지 건강해지는 기분이 들었다. 신기하게도 그 뒤로는 쓸데없는 음식이 먹고 싶지 않았다. 내가 일주일 동안 실패했던 일, 화가 났던 일은 머릿속에 하나도 떠오르지 않았고 머리가 상쾌해졌다.

게다가 새로운 아이디어가 자꾸 떠올라서 앞으로 즐거운 일이 생길 것 같은 예감이 들었다. 그렇게 자기긍정감이 점점 높아졌다. 이렇게 맛있는 음식으로 자기긍정감이 간단히 올라가다니 놀라울 따름이었다.

생각해 보면 안 좋은 일이 있어서 침울할 때는 식욕이 떨어지고 맛있는 음식을 만들 여유가 없어지는데, 이것은 자기긍정감이 떨어진 상태다. 자기긍정감이 떨어졌을 때는 아무래도 식사에 신경을 쓸 여력이 없는데, 그러면 자기긍정감이 낮아진 채로 빠져나올 수가 없다. 그때 자기긍정감을 높이기 위해, 나자신을 위해 맛있는 음식을 먹어 보면 즐거운 일이 생긴다.

나는 심리 상담에서 직장의 인간관계로 힘들어하는 사람에게 이런 이야기를 했다. 그러자 그는 맛있는 음식이 떠오르지 않는다고 했다. 그래서 나는 내가 아는 간단한 요리법을 알려 주었다.

　생선을 사서 겉과 속에 소금을 뿌린 뒤 표면에 밀가루를 묻힌다. 프라이팬에 기름을 두르고 그 생선을 양쪽으로 골고루 굽는다. 그곳에 바지락과 올리브 열매를 넣은 뒤 와인을 붓고 확 끓어오르면 뚜껑을 덮고 찌면 되는 간단한 음식이다.

　다음 심리 상담 때 만난 그 사람은 달라져 있었다. 늘 침울한 사람이었는데 눈빛이 바뀐 것이다. 직장 동료들에게 괴롭힘을 당해서 직장을 계속 다닐수 있을지, 업무를 할 수 있을지 힘들어하던 나약함이 없어지고 눈에 힘이 생겨 있었다.

　연유를 물으니 "내가 생각했던 바를 동료들에게 확실히 표현했더니 모두 내 편이 되어 주었어요"라고 말했다. 그리고 내가 가르쳐준 요리를 매일 만들었다고 한다. 이제 질렸다고 다른 요리법을 가르쳐 달라고도 했다. 농담처럼 "여기는 요리 학원이 아니라 심리 상담소예요"라고 말하고 싶었지만, 나는 기분이 좋아져서 숨겨둔 비장의 요리법을 알려 주었다.

이렇게 맛있는 음식을 먹기만 해도 자기긍정감이 높아지는 것은 정말 신기한 일이다.

12 ▸ 매일 화장실 청소를 하라

내가 어린 시절에 살던 작은 셋집에는 재래식 화장실이 있었다. 초등학교 친구들은 모두 아파트 단지나 2층 독채에서 살았다. 그 집에는 수세식 화장실이 있었는데, 우리집 화장실이 소위 말하는 '푸세식 화장실'이라는 사실이 창피해서 견딜 수가 없었다. 친구들 집과 화장실이 다르다는 사실은 정말 창피했고, 내 자기긍정감에 강한 영향을 미쳤다.

그렇게 학생 시절에는 줄곧 자기긍정감이 낮았는

데, 바뀌게 되는 어떤 계기가 있었다. 유학을 떠나 대학 기숙사에서 살던 시절, 화장실 청소는 담당자가 하게 되어 있었으므로 내가 손댈 일은 없었다. 기숙사에서 나와 아파트에서 혼자 살게 되었을 때 나는 처음으로 화장실 청소를 해야 했다. 그런데 화장실 청소를 해보니 화장실이 깨끗해지는 것이 기분 좋아서 매일 하게 되었다.

그러자 재밌는 일이 생겼다.

늘 방 청소에 손도 대지 못했던 내가 청소를 하기 시작한 것이다. 기숙사에서 살던 때는 수업 자료가 어지럽게 널려 있어서 바닥이 보이지 않을 정도였다. 방구석에는 먼지가 모여 공처럼 구르고 있었는데, 더럽다고 생각은 하면서도 청소는 엄두도 내지 못했다.

그런데 스스로 화장실 청소를 하게 되자 아무 생각 없이 필요 없는 자료를 모조리 버리게 되었다. 공부하다가 피곤해지면 기분전환으로 청소기를 돌렸고, 곧 집안이 반짝반짝 빛나게 되었다.

좀 더 재밌는 점은 그때까지 자기긍정감이 낮았기 때문에 영어를 입 밖으로 잘 꺼내지 못하고 주뼛거렸는데, 어느새 수업 시간에 서툴기는 했지만, 당당히 발언하게 되었다는 점이다. 다른 사람에게 지지 않을 것 같은 기분이 들었고 덕분에 성적이 부쩍부쩍 올라갔다.

그 후 집으로 돌아와서 텔레비전을 보고 있을 때의 일이다. 한 여배우가 인터뷰에서 "어째서 이렇게 예뻐지셨어요?"라고 질문을 받았다. 뭐라고 답할지 궁금해서 들어 보니 "매일 화장실 청소를 하고 있어서 그래요"라고 하는 것이 아닌가. 아마도 어느 지방에는 화장실 청소를 하면 미인이 된다는 전설이 있어서 그 여배우가 실천하기라도 하는 것일까?

곰곰이 생각해 보니 아버지의 책장에 경영자의 철학 같은 책이 많이 꽂혀 있었는데, 그중에 성공하는 사장은 매일 화장실 청소를 한다는 글을 보고 '정말인가?' 하고 생각했던 것 같다. 나는 한동안 그것을 잊고 있다가 어느새 화장실 청소에서 멀어졌다.

그 뒤로 눈코 뜰 새 없이 전장처럼 바쁜 나날 속에서 항상 '나는 어쩜 이리도 형편없을까'라고 반성을 하면서 우울함에 빠지게 되었다. 항상 머릿속으로 '왜 그렇게 못했을까?', '어째서 내 생각을 확실히 전하지 못하는 걸까?'라고 자책하면서 자기긍정감은 떨어져 갔다.

모든 일이 생각대로 되지 않아 침울한 나날을 보내던 시기였다. '어째서 이렇게 매사가 제대로 진행되지 않을까?'라고 괴로워했다. 그때 사소한 계기로 화장실 청소를 해 보자고 생각했고, 매일 화장실 청소를 했다. 그러자 나 자신에 대한 비난이 난무하던 머릿속이 조용해졌다. 머릿속의 비난이 없어지자 점점 자기긍정감이 높아졌고 일이 재밌어졌다.

일이 재밌어져서 자기긍정감이 높아진 것인가 싶었지만, 이전에는 일이 제대로 되어도 자기긍정감은 낮았다. 정말로 화장실 청소가 자기긍정감을 올려준 것 같았다. 화장실 청소를 매일 하면 자기긍정감이

올라가므로 그 여배우도 점점 예뻐진 것이 아닐까?

어떤 구조로 이렇게 되었을까? 나는 '자신의 더러운 부분과 마주하는 용기가 있는가?'라는 부분이 관련되었다고 생각했다.

화장실 청소를 한다는 것은 다른 사람에게는 감추고 싶은 더러운 부분과 항상 마주하는 일이다. 그것과 계속 마주하면 자신의 약한 부분, 더러운 부분과 제대로 마주해서 받아들이게 된다. 그래서 자기긍정감이 올라갔을 것이다.

　배우를 꿈꾸는 어느 여성이 오디션에서 번번이 떨어져서 침울해 하고 있었다. 다른 사람들은 자기긍정감이 높으므로 계속 합격하면서 경력을 쌓고 있는데, 그 여성은 경력을 쌓지 못하자 자신을 한심하게 보게 되었고 자신감 있게 오디션에 참가할 수 없었다.

　그래서 항상 "안타깝지만 불합격입니다"라는 말을 듣게 되자, 이대로는 평생 안 될지도 모른다는 불안이 생겼다. 끝내는 '어째서 항상 나만 비참한 생각을 하는 거야!'라고 분노가 끓어올랐다. 그래서 나는 심리 상담에서 자기긍정감을 높이는 방법으로 매일 화장실 청소를 하기를 권했다. 자신의 오점과 마주할 담력이 생기므로 오디션에 도움이 될 거라고 이야기했다.

　그러자 여성은 해 보겠다며 매일 화장실 청소를

시작했다.

화장실 청소를 시작하자 "내가 이렇게 더러운 화장실을 쓰고 있었구나!"라고 깜짝 놀랐다고 한다. 그리고 매일 깨끗하게 청소를 하자, 기분이 좋아져서 즐겁다고 했다.

다음에 만났을 때 왠지 모르게 얼굴이 날카롭게 변해서 깜짝 놀랐다. 전에는 자신감 없는 모습으로 항상 눈꼬리가 내려가 있었는데, 눈꼬리가 팽팽해지고 정신을 확 차린 얼굴을 하고 있는 모습을 보고 희망이 보였다.

"그래서 일은 어떻게 되었나요?"라고 물어보니 "아, 변함없이 그대로예요"라고 해서 조금 면목 없는 기분이 들었다. 하지만 이야기를 들어 보니 작은 역할은 맡고 있는 모양이었다. 나는 "일이 잘 들어오고 있군요!"라고 했다.

여성은 "주인공 역할은 아직 들어오지 않았는걸요"라고 했다.

나는 "아, 그렇군요"라며 웃으면서 고개를 끄덕였다.

화장실 청소를 계속했더니 주인공을 꿈꿀 정도까지 되었다니 정말 신기했다.

13 ▸ 원하는 것을 떠올리면서 자기긍정감을 올린다

수험을 앞둔 어느 고등학생이 "내 인생은 앞으로도 비참해질 거예요"라고 단언하는 모습을 본 적이 있다. 나는 그 학생의 굉장히 낮은 자기긍정감을 보고 오히려 감탄했다. 그 학생은 "대학입시를 해봤자 결국 좋은 대학에 들어가지 못할 거고, 졸업을 해도 인간관계가 서툴러서 변변찮은 곳에 취직할 수밖에 없을 거예요. 그곳에 들어가도 아무도 인정해 주지 않아서 계속 창밖만 쓸쓸하게 바라보는 인생이 될 거 같은데요"라고 말했다. 나는 어쩐지 이해가 갔다. 돌이켜 보면 나도 그런 시절이 있었기 때문이다.

자기긍정감이 낮다고 해도 사람은 자신에게 혹시 대단한 능력이 있을지도 모른다고 마음속으로 생각한다. 단지 아무도 그것을 이해해 주지 않고, 그대로 인생이 끝날 것 같은 절망이 강해서 어떤 것도 적극적으로 할 수 없는 상태에 빠지게 된다. 그래서 그 학생도 공부는 일절 하지 않고, 매일 게임을 하고 책을 읽는 데에 열중했다.

이대로 공부를 하지 않는다면 분명 그 학생이 말한 인생이 될지도 몰랐다. 하지만 학생의 자기긍정감이 낮아서 어떻게 할 수가 없었다. 어떻게 하면 간단히 자기긍정감을 올릴 수 있을지 생각하다가 머릿속에 이상하게도 페라리라는 유명 자동차 브랜드가 떠올랐다. 나는 학생에게 "혹시 자동차 좋아해?"라고 물어보았다.

그러자 "그럼요! 엄청 좋아해요"라고 눈을 반짝이며 대답했다.

"그럼 혹시 페라리 좋아해?"

"가장 좋아하는 자동차예요!"

애니메이션 캐릭터처럼 생기 있는 목소리로 대답하자 나는 무릎을 탁 쳤다. 학생은 페라리의 종류와 엔진의 출력, 각 자동차의 유래를 나에게 가르쳐 주었다.

"그중에서 어느 것이 가장 갖고 싶어?"라고 묻자 학생은 어이가 없다는 듯이 말했다.

"우리 아버지는 계속 국산 차만 타요. 페라리를 살 만한 경제 상태가 아니에요."

"아니, 아버지가 사는 게 아니라 네가 원하는 게 어떤 건지 묻는 거야."

학생은 고민하다가 겨우 한 대를 정해 주었다. 그 가격을 듣고 나는 깜짝 놀랐다.

"하지만 내가 말해 주는 직업을 얻어서 3년이 지나고 연봉이 어느 정도 오르면 페라리를 살 수 있겠는데?"

내가 이렇게 말했더니 학생의 눈이 반짝거리며 빛나기 시작했다. 현재 공부 시간을 하루 2시간에서 시작해서 두 달만에 4시간으로 늘리기만 해도 대학에 합격할 확률이 확 오르기 때문에 직업을 얻어 페라리를 손에 넣는 날이 가까워질 거라고 말하고 그날의 심리 상담을 끝냈다.

훗날 그 학생의 부모가 놀란 모습으로 아들이 공부를 열심히 하게 되었다고 전해 주었다. 나는 기분이 아주 좋았다. 그토록 자신이 없어 보였던 학생이 즐겁게 공부를 하고, 이따금 페라리라고 중얼거린다고 했다. 우리 아이가 괜찮은 거냐고 묻는 부모님의 말에 웃음이 터질 뻔했다.

정말로 원하는 것을 떠올리기만 해도 자기긍정감이 높아져서 그때까지 불가능했던 일이 가능해지는 것을 확인한 순간이었다.

페라리를 좋아해서 영국 발레단의 주인공까지 맡은 발레댄서의 이야기가 떠올랐다. 그 사람도 줄곧 페라리를 생각했기에 자기긍정감이 높아져서 톱의 자리까지 오른 것이 아닐까 싶었다.

이후로도 학생은 꾸준히 공부를 해서 원하는 대학교에 들어갈 수 있었다. 원하는 것을 떠올려서 자기긍정감을 높이면 이렇게도 바뀐다는 사실에 놀랄 따름이었다. 자기긍정감을 높이면 그때까지 아무리 노력해도 불가능했던 일이 간단히 가능해진다.

자기긍정감을 높이려면 원하는 것을 떠올려야 한다. 그것이 무엇이든 상관없다. 예를 들어 고급 아파트라도 상관없다. 물론 불가능에 가깝다고 생각할 수 있다. 하지만 이 방법은 원하는 것을 떠올리기만 하면 되는 편리한 방법이다.

자기긍정감이 낮아져서 기분이 안 좋고 자신이 형편없다고 느껴질 때 '내가 원하는 것은 고급 아파트다'라는 식으로 구체적으로 머릿속에 떠올려 보자. 그러면 안 좋은 기분이 없어진다. 게다가 그것을 반복하면 점차 자기긍정감이 올라가게 되므로 신기할 것이다.

정말로 원하는 것을 떠올릴 때 불가능에 가깝다고

생각되는 것은 낮은 자기긍정감 때문인지도 모른다. 그러므로 자기긍정감이 낮은 사람은 정말로 원하는 것을 의식적으로 피하려고 한다.

그런데 안 좋은 일이 있을 때마다 계속해서 원하는 것을 떠올리면 자기긍정감이 낮을 때 해왔던 일과 반대의 일을 하게 된다. 그러면 자기긍정감을 낮추는 습관이 바뀌어 자기긍정감이 높은 본래의 상태로 돌아갈 수 있다.

14 ▸ 집단 속에서 모두와의 연결을 느껴라

예전에 간판 가게에서 아르바이트를 한 적이 있다. 어느 날 시내 중심지에서 간판을 설치하고 있는데, 작업 시간이 마침 출근 시간과 딱 겹쳤다. 내 곁을 지나가는 사람들은 전부 멋진 슈트를 입고 당당하게 걷고 있었다.

반면에 나는 추운 겨울날 작업복 차림으로 얼은 손을 입김으로 녹이면서 무거운 간판을 죽을힘을 다해 지탱하고 있었다.

머리 위에서 무거운 간판을 설치하는 모습이 걷고 있는 사람들 눈에는 들어오지 않았는지, 슈트를 입고 걸어가는 사람들은 우리가 설치한 바리케이드를 빠져나가서 설치 중인 간판 아래로 지나갔다.

"위험하니까 아래로 지나가지 마세요!"라고 소리쳐도 마치 내 목소리가 전혀 들리지 않는 듯 아랑곳하지 않고 지나갔다.

정말 비참한 기분이 들었다.

마치 존재하지 않는 사람 취급을 당하는 것 같았다. 벌레만도 못한 존재처럼 인식된다고 생각하니 자기긍정감이 뚝뚝 떨어졌고, 걸어가는 사람들에게 대단히 화가 치밀어 올랐다.

어느 날 다른 거리에서 비슷한 상황이 되었다. 이

번에는 내가 교통정리를 하면서 통행자의 안전을 확보하는 역할을 하게 되었다. 나는 또 슈트를 입은 사람에게 무시당해서 기분이 상하면 어쩌나 싶어 마음이 무거워졌고, 그 일이 하기 싫어졌다. 그때 심리학 교수가 해준 "다른 사람과의 연결을 느끼면 사람은 바뀔 수 있다"라는 이야기가 문득 떠올랐다.

도대체 다른 사람과의 연결을 어떻게 느낀다는 것일까? 나는 의문스러웠다. 작업복을 입은 나는 슈트 차림으로 걷는 사람들과 전혀 연결을 느낄 수 없었다. 그래도 길을 걷는 사람들을 보면서 '모두 연결되어 있다'라고 머릿속으로 되뇌었다.

왕래하는 사람들 속에서 그들을 바라보면서 '모두 연결되어 있다'라고 되뇌자 나만이 아니라는 이상한 기분이 들었다. 모두 불안하고 두려워하고, 나와 같다는 생각이 들었다. 그전까지는 걷고 있는 사람과 눈이 마주치는 일이 없었는데, 갑자기 여러 사람과 눈이 마주치게 되었고, 사람들은 내 지시대로 작업 현장을 잘 피해 주었다.

목소리를 내지 않고 단지 웃는 얼굴로 끄덕이기만 해도 내가 이끄는 방향으로 잘 피해주니 재밌는 느낌이 들 정도였다. 그러는 동안 비참했던 기분은 어느새 사라지고 자기긍정감이 높아지는 것을 느꼈다.

그때까지와는 정반대로 '이 거리의 얼굴이라고 할 수 있는 간판을 설치하는 것은 대단한 일이야'라는 생각이 들었고, 나는 싱글거리며 사람들을 인도했다.

밖에 나가는 것을 두려워하는 어느 은둔형 외톨이 아이의 상담을 했을 때 간판 가게에서 아르바이트했던 일이 떠올랐다. 그 아이는 자신을 무시하는 것 같은 사람들의 눈이 무섭다고 했다.

나는 그 마음이 충분히 이해가 갔다.

그 거리에서 체험한 감각이 되살아났기 때문이다.

나는 그때 다른 사람과의 연결을 느끼지 못하면 자기긍정감이 낮아질 수밖에 없다는 것을 새삼 실감했다.

은둔형 외톨이 아이는 자기긍정감을 높여서 자신

이 하고 싶은 일을 자유롭게 하고 싶다고 했다. 하지만 이대로는 절대 불가능하다는 것도 알고 있었다. 그래서 그 아이에게 집 근처 역에 가서 많은 사람이 지나가는 6시부터 1시간 동안 벤치에 앉아 사람들을 바라보면서 모두 연결되어 있다고 머릿속으로 되뇌는 자기긍정감 상승 훈련을 하도록 했다.

자기긍정감도 근육과 같아서 조금씩 훈련하면 강해진다는 말도 덧붙였다.

그 아이는 반신반의하면서 역 앞 벤치에 앉아 사람들을 바라보는 일을 해주었다. 저녁 6시부터 1시간, 일을 하는 기분으로 역에서 나오는 사람, 거리를 걷는 사람을 바라보면서 모두 연결되어 있다고 되뇌는 것이다.

그러자 그 아이는 이 거리를 벗어나 좀 더 깔끔한 곳으로 이사 가고 싶다며 아르바이트를 시작했다고 한다. 그리고 취객들이 왕래하는 거리를 벗어나서 세련된 거리의 가게에서 일하기 시작하더니 점점 자기긍정감이 높아졌고, 눈부시게 성장했다. 그다음

에는 좀 더 높은 급여를 받기 원했고, 점점 단계를 높이다가 마침내 번듯한 가게의 매니저를 맡게 되었다.

다른 사람과 연결되어 있음을 느끼면 자기긍정감이 높아지고, 사람은 자연히 성장한다. 그리고 자신에게 맞는 환경을 찾을 수 있다. 세상 사람이 두려워서 생기를 잃었던 은둔형 외톨이 아이가 어느새 자기긍정감이 높아져 사람들을 통솔하는 입장이 되었다.

　많은 사람을 바라보면서 모두 연결되어 있다고 되뇌기만 해도 자기긍정감이 높아질 수 있음을 나는 그 아이를 통해 확인했다.

제3장

낮은 자기긍정감은
바꿀 수 있다

15 ▸ 과거의 실패를
      적나라하게 써본다

심리 상담을 하다 보면 처음에는 자기긍정감이 한없이 낮아 보였던 사람이라도 과거의 상처를 치유하면서 어느새 내 자기긍정감을 훨씬 뛰어넘을 정도로 회복하는 일이 있다.

그것을 봤을 때 지금까지는 과거의 상처를 끄집어내어 충격을 받고 싶지 않았기에 자기긍정감이 낮은 채 살아왔다고 짐작할 수 있었다.

나는 어린 시절부터 자기긍정감이 낮아서 스스로 공부를 못한다고 믿었다.

노력하면 할 수 있을지도 모르는데 힘들 거라며 도망치기만 했다. 그렇게 나를 지키려고 했다면, 무엇으로부터 나를 지키려고 한 것일까? 나는 공부와 관련된 마음의 상처를 찾아보았다. 물론 마음의 상처는 아픈 것이므로 보고 싶지 않은 기분이 작용할 것이다.

하지만 걱정할 필요가 없다. 실제로 마음의 상처를 제대로 들여다보면 오히려 재밌는 점이 보이기도 한다.

내가 공부로 인해 받은 마음의 상처를 떠올려 보면 초등학교 2학년의 일로 거슬러 올라간다. 모든 반 친구들 앞에서 교과서를 읽다가 틀렸는데, 친구들이 "어머, 쟤 틀렸어!"라고 놀려댔다.

선생님도 그저 웃기만 할뿐 나를 전혀 보호해 주지 않았다.

나는 울음이 터져서 교실에서 뛰쳐나갔고 아무도 없는 캄캄한 집으로 돌아왔다. 그리고 울면서 벽장으로 들어가서 '이 일을 부모님이 아시면 어떡하지?'라고 공포에 떨었다.

마치 극형을 기다리는 죄인 같은 기분으로 겁을 먹었다.

마침내 어머니가 일을 마치고 돌아왔고, 집 전화가 울렸다.

이야기를 마친 어머니가 수화기를 내려놓자 집안

에는 팽팽한 긴장감이 감돌았다.

그때 내가 숨어 있던 벽장문이 확 열렸고 어머니는 그곳에서 나를 끌어냈다. 그리고 "왜 학교에서 울면서 뛰쳐나온 거야!"라며 내 뺨을 연달아 때렸다.

"죄송합니다"라고 울면서 호소했지만 "죄송하다고 말할 거였으면 대체 왜 그랬어?"라며 이번에는 뺨을 힘껏 꼬집어 상하로 흔들었다.

벌겋게 부은 뺨을 감싸고 울면서 "죄송합니다"를 연발했지만, 용서받지 못했다. 이렇게 맞고 꼬집히는 데에서 끝나지 않고, 어머니는 "아버지가 돌아오면 다 얘기할 거야!"라고 말했다.

나는 극심한 공포를 느꼈다. 이렇게 당했는데, 또다시 심한 꾸중을 들을 것을 생각하니 다시 극형을 기다리는 죄인의 심정으로 전부 꿈이기를 바랐다. 하지만 아버지의 자동차 소리와 함께 현실에 직면했다.

아버지는 마치 도깨비 같은 모습으로 집에 돌아와서 "왜 남자가 걸핏하면 훌쩍훌쩍 우는 거야!"라며 유도를 하듯이 나를 바닥에 내동댕이쳤다. 등에 극심한 아픔이 전해졌고 숨이 턱 막혔다.

나는 몸부림치면서 열심히 숨을 쉬려고 했다.

"남자라면 울지 마!"라는 말이 들렸지만, 고통스럽고 비참해서 눈물이 멈추지 않았다. 눈물을 닦으며 필사적으로 일어서자 아버지는 "울지 말라고 했는데, 왜 울고 있는 거야!"라며 나를 다시 바닥에 내동댕이쳤다.

이렇게 심하게 당하는데, 혹시 '말려주지 않을까' 싶어 어머니 쪽을 흘끗 바라봤지만, 저쪽 방에서 청소기를 돌리고 있을 뿐 이렇게 괴로워하는 나를 아랑곳하지 않았다.

울면서 "죄송합니다"라고 말해도 용서받지 못했고, 괴롭고 비참한 내 기분은 아무도 이해해 주지 않았다.

이 글을 쓰면서 이렇게 비참했던 내가 고작 할 수 있었던 반항은 공부를 하지 않은 것인지도 모르겠다는 생각이 들었다.

그러자 이상하게도 '어린 시절의 나는 용케도 버텨왔구나'라고 느껴졌다.

'잘 참았어'라고 부드럽게 내 머리를 쓰다듬어 주고 싶어졌을 때 신기하게 내 안의 낮았던 자기긍정감이 부쩍 높아져서 지금이라면 공부할 수 있을 것 같았다.

이렇게 자신의 과거에서 돌이켜보고 싶지 않은 부분을 글로 써 보면 낮았던 자기긍정감이 높아진다. 중요한 것은 자신의 자기긍정감을 떨어뜨리는 분야를 하나로 좁히는 일이다.

공부, 인간관계, 집단 속 발언, 뭐든지 괜찮다.

가령 인간관계라면 그 속에서 받은 마음의 상처와 관련된 안 좋은 기억을 적나라하게 써 본다. 창피한 기분, 보고 싶지 않은 사실 그리고 자신의 고통 등을 있는 힘껏 문장 속에 표현해 보자.

이때 상대를 책망하는 말은 쓰지 않는다. 낮은 자

기긍정감이 자신의 약점을 지키고 있을 가능성이 있기 때문이다.

자신의 자기긍정감을 떨어뜨리는 부분은 자신의 약점이 된다. 우리는 약점으로 인해 받은 과거의 수치나 폭로되기 싫은 비참한 감정 등을 무의식적으로 피하면서 자신을 지키려고 한다. 그런데 과거의 등장인물에 대해 화를 내면 자신의 약점이 보이지 않게 되어 그것을 폭로할 수 없으므로 자기긍정감은 바뀌지 않게 된다.

가능한 한 보고 싶지 않은 부끄러운 부분을 써 보자. 쓰는 동안 고통스럽고, 멈추고 싶고, 전부 내던지고 싶어질 테지만, 자기긍정감을 올려 주는 출산의 고통으로 여기고 극복해 보자.

힘겹게 써 내려간 뒤 다 쓴 것을 읽어 보면 자기긍정감이 높아짐을 느낄 수 있다. 그 상황을 참고 지금까지 살아온 자신이 자랑스럽고 멋지게 보일 것이다.

16 ▸ 사람들 앞에서
자신을 부정하거나
비하하지 않는다

조깅을 하고 땀을 흘리면서 집에 돌아오는데, 같은 아파트에 사는 아저씨가 "건강해 보이고 좋네!"라고 말을 걸어온 적이 있다. 그런데 내가 "이건 병에 걸리지 않으려고 했을 뿐이에요"라고 쓸데없는 말을 해서 대화가 끊어져 버렸다.

쓸데없는 말로 대화를 단절시킨 나 자신이 한심해서 기분이 우울해졌고, 다른 사람하고 제대로 대화를 못하는 내 잘못을 스스로 지적하면서 자기긍정감이 떨어졌다.

또 다른 날에는 쇼핑을 하러 갔는데, 가게의 점원이 "좋은 구두를 신고 있네요!"라고 칭찬한 적이 있다. 나는 "이거 싼 거예요. 할인할 때 샀는데"라고 말했다.

가게의 점원은 말문이 막혔는지 더는 말이 없었

다. 대화가 이어지지 않자 또다시 나 자신이 한심스러웠다.

나는 어째서 상대의 기분을 깨뜨리는 말을 하고, 스스로 자기긍정감을 떨어뜨릴까? 그러자 어린 시절 할머니가 사주신 파란색 야구 배트가 생각났다. 그 야구 배트를 들고 친구에게 가서 자랑했더니 친구는 "그런 건 여기저기 부딪혀서 흠집이 나면 금방 너덜너덜해질 걸?"이라며 땅바닥에 배트를 내동댕이쳤다.

새것이었던 야구 배트에 흠집이 나자 나는 울음을 터뜨렸다. 나에게 기쁜 일이 생기면 누군가가 질투한다고 느꼈다.

학교에서 선생님에게 칭찬받아서 기분 좋게 집에 돌아온 뒤 자랑하고 싶은 마음에 현관에서 아버지를 기다린 적이 있다.

싱글벙글하면서 "다녀오셨어요"라고 인사했더니 "이럴 짬은 있으면서 공부는 왜 안 하는 거냐?"라면서 아버지는 날 때렸다.

그래서 내 마음이 기쁘면 반드시 누군가 나에게 화를 낸다고 생각했다.

다른 사람에게 칭찬받고 기뻐하면 질투를 받는다는 공포를 느끼게 되자 그것을 지우기 위해 자신을 비하하게 되었다. 겸허하게 행동하면 어떤 문제도 없을 거라고 생각했다.

하지만 "저는 별거 아니에요"라며 자신을 비하하고, 겸허하게 행동하면 할수록 친구들은 내 곁을 떠나갔다. 지나치게 겸허한 모습이 위선적으로 보였기 때문일까? 하지만 나는 정말로 내가 형편없다고 생각했을 뿐 거짓말을 한 것이 아니었다.

어느 날 찾아온 한 상담자는 '나는 많이 부족하다'라는 이야기를 여러 사람에게 이야기할수록 몸 상태가 나빠졌다고 한다. 지나치게 겸허하게 행동했더니 오히려 주변 사람의 질투를 불러냈고, 그 사람은 피폐한 상태가 되어 갔다.

그래서 겸허하게 행동하면 질투를 부른다는 이야

기를 하고, 그것을 멈추게 했더니 어느덧 몸 상태가 좋아지고 자기긍정감도 올라가는 모습을 보였다. 역시 질투를 받으면 자기긍정감이 낮아진다는 것을 확인할 수 있었다.

이렇게 자기 비하나 자기부정을 해서 자기긍정감이 떨어진다기보다 주변에서 질투의 공격을 받아서 자기긍정감이 떨어지는 모습이 자주 보인다.

확실히 내 과거를 돌이켜보면 내가 지나치게 몸을 낮추고 자기부정하는 발언을 하면 상대의 얼굴이 굳어지는 모습을 보았다.

텔레비전에서 어느 배우가 다른 배우의 발언으로 질투를 느낄 때 표정이 굳어지는 모습을 보았는데, 그 표정은 재미없다는 뜻이 아니라 질투로 인해 발작할 때의 표정이라는 것을 깨달았다.

아무래도 질투는 고상(지성이나 품위가 훌륭함)하거나 고결(품위가 높고 순수함)하게 행동하는 사람에게 일어나는 듯하다.

　"저는 많이 부족하고 형편없어요"라는 겸허함은 고상하거나 고결하게 행동하는 것처럼 보이므로 상대의 질투를 일으키게 한다. 그 질투의 대상이 되면 자기긍정감이 더욱 낮아질 뿐이다.

　질투를 받지 않도록 겸허하게 행동했는데, 오히려 질투를 받아 자기긍정감이 낮아지는 것이다.

　그러면 어떻게 해야 할까?

구체적으로 말하자면 다른 사람에게 자신의 문제를 상담하지 않고, 칭찬받으면 그대로 받아들이는 습관을 반복하기만 해도 된다.

"상사가 느려 빠졌다고 또 지적하지 뭐야. 나를 눈엣가시로 여기는 것 같아."

다른 사람에게 이런 이야기를 할 때 우리는 상대가 "너는 느려 빠지지 않았어!"라고 부정하고 위로해 주기를 기대한다.

그런데 그렇게 말해 준다고 해도 상대의 머릿속에는 질투가 일어나기 때문에 나중에는 그런 말을 괜히 꺼냈다고 느끼게 된다.

상대는 말로는 아군인 듯한 태도를 보이지만, 머릿속으로는 '이 사람 참 교활하네'라고 질투해서 공격하기 때문이다.

상대에게 공격을 받으면 점점 자기긍정감이 낮아져서 '괜한 일을 해버렸구나'라고 후회하게 된다.

상대가 "그거 좋네!"라고 하면 "고마워!" "그렇지?"라고 대답하는 습관을 들이면 점점 자기긍정감이 높아질 것이다.

겸허한 행동으로 질투를 받지 않기 때문이다. 자기긍정감은 예상외의 일로 높아지는 법이다.

17 ▸ 사람들의 시선을 신경쓰지 않는다

길을 걷다 보면 빌딩의 유리창에 비친 내 모습을 보고 어떻게 걷고 있는지 확인하곤 한다.

백화점 안에서 쇼핑을 하다가 거울이 보이면 내가 지금 어떤 얼굴을 하고 있는지 흘끗 보게 되기도 한다. 이것은 마치 버릇처럼 한 번 확인하기 시작하면 조금이라도 내가 비치는 곳을 자꾸 보고 싶어지는 충동에 사로잡힌다.

도대체 왜 그런지 생각해 봤더니 거울에 따라 미묘하게 각도가 달라서 내가 조금씩 다르게 보이기 때문이었다.

집에서 거울로 보는 것과 밖의 풍경에 섞여서 비치는 내 모습을 보는 것은 뭔가 다르다.

이와 마찬가지로 주변 사람의 눈에 내가 어떻게 비칠지 무심코 확인하고 싶어진다. 그런데 사람들 속에서 '저 사람의 눈에 나는 어떻게 비칠까?'라고 상상하다 보면 자기긍정감이 낮아진다.

전철에서 한 여성이 흘끗 내 쪽을 봤다가 시선이 아래를 향했다.

그럴 때 나는 '저 사람은 나를 멋있다고 생각해서 본 건가?'라고 상상해서 조금 기대하기도 하지만, 곧 '바로 눈을 돌린 걸 보니 기분 나쁜 사람이라고 생각했을지도 몰라'라고 불안해진다.

한편 남성이 흘끗 내 쪽을 쳐다보면 '저 사람은 나를 무시하고 깔보고 있어'라고 상상해서 '나는 타인에게 무시당하는 형편없는 인간이구나'라고 여기기도 한다.

이런 기분으로 회사에 가서 "내가 그렇게 이상해?"라고 여자 사원에게 확인해 봤더니 "음, 글쎄요. 별로 관심이 없어서 모르겠네요"라고 하기에 더욱 충격을 받았다.

여성의 관심을 끌지 못하는 한심한 인간이라고 생각하니 점점 더 자기긍정감이 낮아졌고 가치가 없는 사람이 된 것 같았다.

자기긍정감이 낮으면 상대가 자신을 어떻게 생각하는지 나쁜 방향으로 상상해서 괜스레 우울해지는 것이 아닌가 싶을 수도 있다.

하지만 나는 실제로 뇌의 네트워크에 주목해서 상대의 뇌와 이어지는 커뮤니케이션을 하고 있을 가능성이 있기 때문이라고 생각한다.

우리는 흔히 딱 맞는 예감, 이심전심이라는 말을 사용한다. 말하지 않아도 뇌의 네트워크로 상대의 생각이 전해진다는 것이다. 그렇다면 상대가 정말 나를 기분 나쁘다고 생각한 것일까? 사실 그것은 당연한 일이기도 하다.

일반적인 사람에게는 우열의 착각이라는 것이 존재한다.

자신이 평균보다 위쪽이라고 착각하는 것이다.

따라서 전철 안에 있을 때는 그 안에 존재하는 사람들보다 자신이 조금 멋지다고 생각한다. 그래서 다른 사람의 뇌와 네트워크로 이어졌을 때 '당신은 나보다 아래야'라는 느낌이 전달되므로 전달받은 쪽은 자신을 낮게 느끼는 것이다.

일반적인 사람은 대부분 우열의 착각을 하고 있으므로 '저 사람은 나를 어떻게 보고 있을까?'라고 상상하면 점점 자기긍정감이 낮아질 수밖에 없다.

게다가 갓난아이 시절 아버지가 바람을 피우거나, 조부모님과의 갈등이 생겨서 어머니가 애정을 담아 아기를 안아주지 못하는 상황에 놓이면 그 아기는 인간에 대한 기본적인 신뢰감이 없어진다.

주변 사람을 자신과 같은 사람이라고 인식하지 못하고, 기분 나쁜 좀비 같은 존재로 여긴다. 그런 사람은 전철 안에도 얼마든지 있다.

그런 사람이 본 나는 어떤 존재일지 뇌의 네트워크가 이어진다는 점으로 상상해 보면 상대가 나를 기분 나쁘게 생각할 거라고 불안해지는 것이 당연하다.

'저 사람은 나를 어떻게 생각할까?'라는 것은 뇌의 네트워크를 따라서 상대가 내 모습을 어떻게 보는지 확인하려는 것이지만, 대부분의 뇌는 비뚤어진 거울 상태이므로 그런 생각을 하면 할수록 점점 자신의 모습이 비뚤어져 밉게 보이므로 자기긍정감이 낮아진다.

자신이 형편없게 느껴지거나 용모에 자신이 없어서 불안해지는 것은 주변 사람에게 비친 내 모습을 뇌의 네트워크에서 확인하고 있기 때문이다.

자신이 괜찮은지 불안해진다면 '내 모습은 나밖에 모른다'라고 마음속으로 외쳐 보자. 그러면 사람들의 시선이 비뚤어져 있을 뿐이라고 느껴져 스스로 바로잡을 수 있다.

과자를 먹는 것을 멈출 수 없다고 고민하고 있는 한 여성에게 이 이야기를 했더니 크게 공감해 주었다.

그 여성은 "나는 뚱뚱하다" "도저히 살이 안 빠진다"라며 괴로워했고, 그 스트레스를 해소하기 위해 자꾸 과자에 손이 간다고 했다.

그럴 때 머릿속으로 내 모습은 나밖에 모른다고 외쳐보도록 했다. 그러자 어느 날 더는 과자에 손이 가지 않았고, 마음이 편해졌다고 한다.

내 모습은 나밖에 모른다고 머릿속으로 외쳤더니 '뚱뚱한 모습이 흉하다는 것은 어머니의 비뚤어진 거울에 비친 내 모습일지도 몰라'라는 느낌이 들었다고 한다. 그리고 '살을 뺄 수 없어'라고 생각했을 때도 내 모습은 나밖에 모른다고 마음속으로 외쳤더니 그런 일은 없을 거라고 안심하게 되었고, 어느새 살이 빠진 자신의 모습을 발견했다는 것이다.

비뚤어진 거울로 자기 모습을 보다가 실제로 점점 비뚤어져서 자기긍정감이 크게 낮아졌지만, 그 사실을 깨닫자 어느새 자신이 이상적으로 생각하던 체형이 되었고 자기긍정감이 본래대로 회복되었다. 자신의 모습은 자기밖에 모른다는 것을 잊지 말자.

18 ▶ 소속된 집단에서 자신의 위치를 확인하라

나는 어린 시절부터 도덕적으로 사람에게 상하 관계를 매기면 안 된다고 배웠다.

모든 사람은 평등하고, 다른 사람을 얕보면 안 되며, 누구라도 존경해야 한다고 들었으므로 그 말을 믿고 성실하게 실천해 왔다.

학생 시절에는 다른 사람을 무시하거나 얕보면 안 된다고 생각해서 항상 자세를 낮추고 있었는데, 친구들에게 무시당하고 업신여겨지는 느낌이 들었다. 그래도 나는 '어쩔 수 없어. 나는 누구보다도 낮은 존재야'라고 생각했고, 자기긍정감은 계속 낮아졌다.

회사에 취직한 뒤 사람들과 함께 일하면서 상대가 일을 못한다는 생각이 뇌리를 스쳐도 그 사람의 좋은 점만 보고 열심히 존경하려고 했다. 그러자 일을 못하는 사람에게도 무시당하게 되었다.

누구나 나를 무시한다고 생각하니 더욱더 자기긍정감이 낮아졌다. 그렇게 일을 잘못하는 사람에게 무시당하면서 자기긍정감이 낮아지자, 어느새 나도 일을 못하는 사람이 되어 있었다.

점점 자기긍정감이 낮아져서 밑바닥이 되었을 때 상하 관계를 매기지 않겠다는 내 금기를 깨기로 했다.

나는 능력별로 회사 사람에게 순위를 매겨 머릿속으로 줄을 세워 보았다. 만약 10명이라면 10위부터 1위까지 솔직하게 순위를 매겼다.

그때까지는 '다들 각자 능력이 있으므로 모두 대단한 사람이다'라며 적당히 넘어갔지만, 순위를 매겨 보니 깜짝 놀랐다.

나 자신을 상사와 같은 1위에 두었기 때문이다. 자신이 너무 오만한 것이 아닌가 싶었지만, 그 순위를 의식하면서 일을 했더니 재밌는 일이 일어났다.

순위가 아래인 사람들에게 추월당하지 않도록 일을 열심히 하게 되었다. 게다가 절대로 쫓아오지 못하도록 하겠다는 마음으로 일을 하다 보니 자기긍정감이 높아지는 기분이 들었고, 누구를 대하든 겁먹지 않게 되었다.

그때까지는 기세등등한 사람에게 쭈뼛거리며 다가가지 못했지만, 그런 모습은 없어지고 대등하게 이야기할 수 있었다.

상대가 아무리 기세등등해도 마음속으로 상대를 포함한 사람들의 순위를 매겨 보면 내가 더 위쪽이었다. 그런 태도로 일을 진행하는 것이 실제로 훨씬 원활했으므로 신기했다.

지금까지는 겸허하게 행동하지 않으면 모두에게 미움을 받아서 일이 제대로 되지 않는다고 생각해서 최대한 자세를 낮추었는데, 순위를 매기자 업무가 능숙해지는 것을 확인하고 나니 내가 한 일이라도 놀랄 수밖에 없었다.

나보다 순위가 낮은 사람이 나를 앞지르면 자기긍정감이 낮아져서 포기하게 되는 것이 아니라 지지 않고 나를 발전시키겠다는 마음이 되었다.

또한 순위를 아래로 매겼다고 해서 상대를 얕보지 않았으며, 그런 자신이 자랑스러웠다. 다른 사람을 무시하거나 얕보는 사람은 자기긍정감이 낮다는 것을 확실히 실감했다.

자기긍정감이 높으면 다른 사람을 얕보지 않는다.

사람들 앞에서 자세를 낮추었던 예전의 나는 마음

한구석에서 상대를 경멸하고 무시하는 기분이 들었지만, 지금은 그런 어수선한 감정이 전혀 없었고, 상쾌하고 홀가분해서 점점 자기긍정감이 높아졌다.

어느 배우에게 "배우 대기실에 유명한 배우들이 있으면 위축되어서, 그 후의 연기가 제대로 되지 않아 곤란해요"라는 이야기를 들은 적이 있다. 잔뜩 긴장하다가 본격적으로 연기를 시작하면 자신의 실력을 제대로 발휘하지 못한다는 것이다. 그는 일이 없어질지도 모른다는 불안에 사로잡혀 있었다.

그래서 "배우 대기실을 떠올려 보세요"라고 배우에게 부탁했다. 그곳에 있는 멤버를 확인해 보니 7명이었다.

"7명의 연기력과 매력을 지금 순위로 매겨 보세요."

"네? 그럴 순 없어요. 내가 가장 아래인걸요."

나는 억지로라도 순위를 매겨 보라고 했다.

"역시 내가 가장 아래예요."

"이번에는 솔직하게 누구의 눈도 신경쓰지 말고 순위를 매겨 봅시다."

"솔직하게요?"

그는 주저하더니 사실은 자신이 위에서 2번째라고 했다.

선배들이 질투할 것이 무서워서 일부러 자세를 낮추었다는 것이다.

그러자 선배들이 위압적인 태도를 보여서 제대로 연기를 할 수 없었다는 것을 깨달았다. 그 배우는 일부러 겸허하게 행동하지 않아도 된다는 깨달음을 얻고 기쁘게 돌아갔다. 그리고 다음 상담 때 선배들이 신경을 써줘서 본래 자신의 연기를 펼칠 수 있었다고 알려 주었다.

순위를 매기면 아래쪽 사람들을 신경쓰지 않게 되고, 위쪽만을 목표로 할 수 있다. 그 배우는 자기긍정감이 높아져서 어느덧 선배를 뛰어넘었고 팬클럽이 생기는 등 주변 환경도 변해 갔다고 한다.

이처럼 솔직하게 순위를 매기는 것은 자기긍정감을

간단히 끌어올려 준다.

19 ▸ 추억의 물건을
정리한다

미국에서 마음의 상처를 전문으로 연구하는 박사
와 이야기할 기회가 있었는데, 그 박사가 "기억은
시간과 함께 미화되어 가는 거예요"라고 가르쳐 주
었다.

박사의 조부는 제2차 세계대전 때 일본군과 싸우
다가 포로가 되었는데, 전쟁이 끝난 직후 "못된 일본
놈들!"이라며 일본인을 싫어했다고 한다. 그 기억이
시간과 함께 미화되었고 이윽고 "일본인은 전우다!"
라는 느낌으로 바뀌었다는 것이다.

사실은 나도 그런 경험을 한 적이 꽤 많았다.

예전에 싫어했던 물리학 교수가 있었는데, 지금은

이상하게도 '저 교수님 덕분에 지금의 내가 있다'라고 감사하고 있다.

교수를 싫어할 때는 "물리학은 너무 어려워서 하나도 모르겠어"라고 자신을 한심하게 생각했는데, 교수에 대한 기억이 미화되자 갑자기 물리학이 좋아졌고 덩달아 자기긍정감도 높아지는 것을 깨달았다.

어느 날 심리 상담 중에 20년 전의 안 좋은 기억이 미화되지 않아서 의문스럽게 생각했던 사례가 있다.

20년이라는 시간이 지나면 기억은 희미하게 빛이 바래서 미화될 텐데, 그러지 않았다. 그런데 '옛날 물건이 방안에 가득 있다'라는 상담자의 이야기를 듣고 나는 짚이는 바가 있었다.

우리 주변에는 물건을 버리지 못하는 사람이 많다.

"그런 물건은 버리는 게 나아"라고 모두가 말해도 아까워서 버리지 못하는 단순한 이유 말고도 물건에 기억이 깃들어서 버리지 못한다는 재밌는 이유도 있다. 즉 물건을 버리면 과거의 기억을 잃게 되어 자기 자신을 유지할 수 없을 것 같아 불안한 것이다.

누구나 기억으로 인격이 형성된다고 느끼므로 물건을 버리면서 과거의 기억을 잃게 된다면 자신이 전혀 다른 인간이 될지도 모른다는 불안이 있는 것이다. 분명 그 불안을 틀렸다고 할 수는 없다. 그러나 물건에 깃들어 있지 않은 기억은 퇴화되므로 불쾌했던 부분까지 어느새 미화된다.

기억이 아름답게 변해 가면 그때까지 불쾌함이나 고통으로 낮아진 자기긍정감이 아름다운 기억에 따라 어느새 높아져서 눈부신 생기를 되찾기도 한다. 하지만 사람은 자신이 생기 있게 빛나면 주변에서 질투할지도 모른다는 공포가 있으므로 그것을 피하고 싶어지는 버릇이 있다.

흥미롭게도 물건을 버리면, 그 버릇이 점점 바뀔 수 있다.

20년 동안 과거의 원한과 고통을 지우지 못했던

사람이 있다. 그 사람은 예전부터 소중히 간직해 온 잡지를 대량으로 정리해서 분리수거함에 내놓았다. 그러자 곧 기억의 망각이 시작되었고, 불쾌한 기억이 점차 빠져나가서 마침내 아름다운 기억만 남게 되었다고 한다.

마음을 뒤덮었던 심한 분노와 증오에서 해방되어 고통스러웠던 기억이 '나는 지금까지 잘 해왔다!'라는 무용담으로 바뀌었을 때 자기긍정감이 높아진 것이다.

자기긍정감이 높아지면서 그 사람이 생기를 되찾아가는 모습을 보고, 나도 물건을 버려야겠다고 마음먹었다. 그리고 집에 돌아오자마자 황급히 아깝다고 생각했던 물건을 버리기 시작했다.

실제로 물건을 버려 보니 나 역시 변화를 두려워해서 나를 지키는 일종의 경계처럼 물건을 가지고 있었음을 깨달았다. 나 자신이 바뀌어 자기긍정감이 높아지는 것을 마음속 어딘가에서 두려워했던 것이다.

물건을 버리면 나중에 큰일이 난다고 생각했던 것은 내가 바뀌었을 때 혹시 주변에서 질투하지는 않을까 하는 두려움 때문인지도 몰랐다. 더러운 물건에 뒤덮여서 낮은 자기긍정감을 유지하고 있으면 다른 사람이 문제 삼는 일도, 질투심으로 공격하는 일도 없을 것 같았다.

하지만 새삼 물건을 버려 보니 자기긍정감이 높은 사람이 오히려 주변의 질투를 덜 받는다는 사실을 깨달았다.

물건을 버리지 않고 쌓아둔 채 자기긍정감이 바닥일 때 주변의 공격이 가장 심했고, 공격을 받으면 다시 자기긍정감이 낮아지는 악순환을 거듭했다. 그러나 물건을 버리고 기억이 미화되자 나는 주변의 질투를 전혀 신경쓰지 않고 자유롭게 살아갈 수 있다는 믿음이 생겼다.

집에 있는 물건을 버릴 때는 선별해서 버리려고 하지

않아야 한다. 필요한 물건인지, 필요 없는 물건인지를 골라내려고 하면 그 물건을 만졌을 때 과거의 기억이 되돌아오기 때문이다. 과거의 기억이 되돌아오면 물건 하나도 버리지 못하는 인간이라는 생각에 사로잡히고 자기긍정감은 떨어질 수밖에 없다.

그러므로 머릿속으로 '전부 버리자!'라고 외치면서 버리면 거침없이 버릴 수 있다. 전부 버린다는 것은 그 물건에 깃든 기억도 버리는 것이므로 과거의 기억에 끌려가지 않게 된다.

사실 전부 버리자고 마음먹어도 무의식중에 정말 필요한 것은 저절로 선택해서 남기기 마련이다. 그러니 필요한 물건까지 버릴지도 모른다고 지나치게 걱정하지 말고 '전부 버리자!'라고 머릿속으로 외치면서 모조리 버려 보면 재밌는 일이 일어난다.

과거의 기억이 미화되어 그토록 낮았던 자기긍정감이 점차 높아지고, 지금까지 잘해 온 자신에 대한 믿음이 생길 것이다.

20 ▶ 과거의 나와 미래의 나를 연결하라

기억이 미화되어도 과거는 바뀌지 않으므로 자신의 본질 역시 바뀌지 않는다고 생각할 수도 있다.

하지만 물건을 버리고 기억이 미화되어 자기긍정감이 높아진 사람을 보고 있으면 본질적으로 바뀌었다고 느껴진다. 마치 과거의 사건이 바뀌기라도 한 것처럼 말이다.

어느 날 어머니에게 매일 폭력을 당해서 추운 겨울에 집에서 알몸으로 쫓겨난 경험이 있는 사람이 찾아온 적이 있다. 나는 최면요법을 사용해서 과거로 돌아가 한겨울 어두컴컴한 밖에서 알몸으로 얼어붙은 자신의 모습을 확인하도록 했다.

——그가 추운 겨울날 얼어붙은 어린아이의 모습을 보자, 그의 눈에는 눈물이 넘쳐흘렀다.

그리고 최면요법을 통해 본 이미지 속에서 무심코

그 아이의 등 뒤로 가서 부드럽게 안아 주고, 차가워진 몸을 따뜻하게 녹여 주었다.

처음 손에 닿았던 차가운 기운은 점점 사라져갔고 이윽고 몸 전체에 온기가 퍼졌다.

추위와 긴장으로 굳었던 몸이 따뜻해졌을 때 아이는 고개만을 뒤로 돌려 그의 얼굴을 보면서 "고마워"라며 고개를 살짝 끄덕였다.

눈물이 그렁그렁한 눈으로 끄덕이는 그 아이의 얼굴은 이제 괜찮다고 하는 듯했다.──

잠시 후 그 사람은 "기억났어요!"라고 하더니 말을 이었다.

"한겨울에 밖으로 쫓겨났을 때 집 근처 다리까지 가서 강을 바라보고 있는데, 뒤에서 눈부시게 빛나는 사람이 어디선가 난데없이 내려와서 어린 내 등을 안아준 적이 있어요."

나는 깜짝 놀랐다.

"그때 그 사람이 뒤에서 아무 말 없이 따뜻하게 안아

주었기에 내가 지금까지 살아올 수 있었어요"라고 들었을 때는 소름이 돋았다. 그때부터 그 사람의 자기긍정감은 훨씬 높아져서 자신의 꿈을 자유롭게 펼칠 수 있었다.

그 사람에게 처음 이야기를 들었을 때는 '혹시 과학으로는 증명할 수 없는 신과 같은 존재가 있어서 불행한 사람을 도와주는 게 아닐까?'라고 생각했다.

하지만 어느 날 비슷한 경험이 떠오르자 나는 어떤 깨달음을 얻었다.

고등학교 시절 내 영어 성적은 10단계 중 2단계 정도였다. 내가 유학을 결심했을 때 교무실에서 다들 크게 웃을 정도로 영어 실력이 형편없었다. 그런 내가 대학입시를 끝내고 "내가 정말로 4년 후에 졸업할 수 있을까?"라며 불안해하는데, 갑자기 머릿속에서 "괜찮아! 너는 제대로 졸업할 수 있어!"라는 목소리가 들려와서 '엇, 이게 뭐야!' 하고 깜짝 놀란 적이 있다.

제3장 낮은 자기긍정감은 바꿀 수 있다

'하늘에서 내려온 목소리인가?' 하고 생각해서, 나는 4년 동안 계속 그 목소리를 믿고 의지하면서 열심히 노력했다. 좌절할 일이 있으면, 그 목소리를 떠올리려고 했다.

그 후 나는 무사히 졸업식을 맞이할 수 있었고, 졸업생 가운을 입고 교정을 걸으며 감회에 젖었다.

'입학식 때 이곳을 걷고 있는데, 나에게 제대로 졸업할 수 있다는 목소리가 들려왔었지.'

문득 그리운 마음에 입학식 날에 불안해하던 나를 떠올리면서 "괜찮아! 너는 제대로 졸업할 수 있어!"라고 과거의 자신을 향해 말을 걸었다.

돌이켜 생각해보니 그 당시의 목소리는 미래의 내가 과거의 나에게 보낸 것 같았다. 이런 생각이 들자, 추운 날 밖에 얼어붙은 아이를 안아준 그 천사 같은 모습은 다른 누구도 아닌 자기 자신이라는 느낌을 받았다. 본인이 어린 시절의 자신을 안았을 때 과거의 자신과 이어져서 미래가 바뀐 것이다.

나는 사람의 뇌와 뇌 사이는 무선랜처럼 네트워크로 연결될지도 모른다고 생각한다. 긴장하는 사람의 옆에 있기만 해도 긴장감이 전해오고, 불현듯 예감이 들어맞는 사례도 지금까지 많이 보았기 때문이다. 멀리 떨어져 있어도 상대의 일을 알아차리는 것은 뇌와 뇌가 네트워크로 연결되어 있기 때문이라고 생각했다.

하지만 현대의 과학에서는 이런 뇌 사이의 네트워크를 증명할 수 없다. 현대의 과학으로 측정할 수 없는 속도로 뇌가 연결된다면 네트워크의 속도는 빛보다도 빠를지도 모른다. 빛보다도 빠르다면 시공을 뛰어넘는다고 생각할 수 있다. 그렇다면 졸업했을 때의 내 뇌와 갓 입학한 내 뇌가 시공을 뛰어넘어 연결되었을 가능성도 있는 것이다. 혹시 과거는 간단히 바꿀 수 있는 게 아닐까?

과거에 입은 마음의 상처가 영향을 줘서 자기긍정감이 낮아졌을 가능성이 있다. 그래서 마음의 상처가 치유되지 않으면 자기긍정감은 쉽게 높아지지 않는다. 하지만 시간이 흐를수록 자신이 어떤 문제로 상처 입었는지 그 원인이 희미해지므로 마음의 상처를 치유할 방법을 찾기가 어려워진다.

그렇게 자기긍정감을 높일 수 없으므로 현실도 바꿀 수 없는 것이다. 이런 상태로 고민하는 사람에게는 다음과 같은 재밌는 방법을 알려 주고자 한다.

21 ▸ 과거를 바꾸는 간단한 방법

자기긍정감이 낮아지는 사건을 떠올려 보자.

가령 '상사는 내가 하는 업무에만 제대로 평가를 해주지 않는다'라는 상황을 떠올렸다고 해 보자.

그 사건을 떠올렸을 때 몸에 어떤 감각이 있는가?

예를 들어 '옆구리가 조금 아팠다'라고 해 보자.

그렇다면 그 옆구리의 위화감이 몇 살의 나와 연

결되어 있는지 자기 자신에게 질문을 해 본다. 머릿속에 6, 7세의 자신의 모습이 문득 떠올랐다고 해 본다.

그러면 6, 7세의 자신의 모습을 머릿속으로 그려 보자. 화가 나 있거나 울고 있어도 상관없다. 그리고 다음 쪽에 정리한 자기긍정감이 높아지는 키워드 중에 하나를 골라 6, 7세의 자신에게 외치게 한다. 이미지 속의 자신이 그 키워드를 외치고 활짝 웃으며 생기를 되찾았다면 현재의 자신이 '상사에게 제대로 평가를 받지 못한다'라고 생각해 본다. 좀 전에 느꼈던 불쾌감이 사라졌다면 성공이다.

성공한 키워드를 6, 7세의 자신에게 "안 좋은 일이 있거나 기분이 안 좋을 때 외쳐 봐!"라고 부탁해 둔다. "많이 외치면 외칠수록 점점 활기차고 자유롭게 될 거야!"라고 전해 두고 과거의 자신과 헤어져서 현재의 자신으로 돌아온다.

6, 7세의 자신이 계속 그 말을 외쳐 주었다면 현재가 36세라고 가정했을 때 30년 동안 계속 외쳐 준

자기긍정감이
높아지는 키워드

혈당치의 조화	×7번
자기 감각의 해방	×7번
사람들의 상냥함	×7번
사랑받는 모습	×7번
돈 많은 부자	×7번
일체감의 재구축	×7번
모두 무의식에서 이어져 있다	×7번
공포를 제자리로 되돌린다	×7번
모두와 같은 감각	×7번
마음이 평온해진다	×7번
여자로 다시 태어난다 (생리통)	×7번
남자로 다시 태어난다 (수치심에 대해)	×7번

셈이므로 과거는 바뀔 수 있다. 그렇다면 현재의 자신도 점차 바뀌어서 자기긍정감이 높아지게 되는 매우 흥미로운 방법이다. 다음 제4장에서 조금 더 자세하게 설명하겠다.

나 자신이 형편없고
가치도 없게 느껴진다면

22 ▶ 자기긍정감이 낮아서
살기가 힘들다

나를 찾아온 한 여성은 무엇이든 시키는 대로 척척 해내어 주변에서 대단하다고 칭찬을 받았지만, 자기긍정감이 낮아서 칭찬을 그대로 받아들이지 못했다. 그럴 때마다 '나는 단지 이용당하고 있을 뿐이야'라고 차가운 기분이 된다고 했다.

일은 즐겁지만 주변에서 인정받고 칭찬을 받아도 점차 쓸데없는 일까지 떠맡게 되고, 하기 싫은 일을 한다는 느낌이 들어 일을 관두고 이직을 하려고 했다.

주변에서는 "힘겹게 좋은 자리까지 갔는데, 왜 관두려고 하는 거야?"라고 이상하게 여겼다.

하지만 자기긍정감이 낮았기에 자신이 특별한 업무를 맡고 있다는 느낌을 전혀 받지 못했다. 주변에서 인정받아도 하나도 기쁘지 않았으므로 계속할 수가 없었다.

주변 사람은 자신이 자기긍정감이 낮다는 사실을 알 리가 없었고, 누구에게도 이런 괴로움을 이해받지 못했다. 제멋대로이고 배부른 고민을 한다고 비칠지도 모르겠지만, 계속 낮은 자기긍정감으로 살아가려니 아무리 해도 절망적인 기분이 되는 것이다.

그래서 그녀에게 과거를 바꾸는 방법을 시도해 보게 했다.

먼저 자기긍정감이 낮다고 생각했을 때 자신의 몸에 어떤 감각이 느껴지는지 주의를 기울여 보도록 했다.

그녀는 가슴이 조금 압박되어 숨쉬기가 힘든 느낌이 든다고 했다. 그렇다면 그 느낌에 주목하면서 이 감각은 몇 살의 자신과 이어져 있는지 머릿속에서 혼잣말처럼 묻도록 했다. 그러자 일곱 살과 다섯 살이라는 목소리가 울려왔다고 했다.

일곱 살과 다섯 살 중에 어느 쪽인지 생각했을 때

유치원 원복을 입은 자신의 모습을 보인다고 했다. 어린 자신의 표정을 확인해 보았더니 서럽게 울고 있었다.

그래서 144쪽의 자기긍정감이 높아지는 키워드 중에서 하나를 골라 울고 있는 유치원생인 자신에게 외치도록 했다.

——아이에게 "잠깐 대화해도 괜찮겠니?"라고 말을 건 뒤 "모두와 같은 '감각!'이라고 7번 외쳐줄래? 즐거워질지도 모르니까"라고 말했다. 그러자 이미지 속의 어린 자신은 우는 것을 멈추고 "모두와 같은 감각!"이라며 손가락으로 숫자를 헤아리며 외쳐 주었다.

그런데 다 외치고 나자 발을 동동 구르면서 "꺅! 꺅!" 하고 화를 냈다. 키워드가 맞지 않았다는 것을 알 수 있다.

그래서 이번에는 "여자로 다시 태어난다!라고 7번 외

자기 긍정감이 낮아지는 사건을 떠올리고 그때 어떤 몸의 변화가 있는지 느껴본다

이미지 속의 자신에게 자기 긍정감이 높아지는 키워드를 골라서 외치게 한다

이미지 속 자신이 활짝 웃게 되고, 현재 자신의 불쾌감이 없어지면 성공이다

쳐주겠니?" 하고 부탁했더니, 어린 자신이 고개를 흔들면서 거부했다.

"어째서 외치기 싫어?"

"아빠랑 엄마는 남자아이를 갖고 싶어 하니까."

이 말을 듣고 여성의 눈에서 눈물이 흘렀다. 그동안 '나는 여자아이라서 사랑받지 못했어'라고 계속 생각했다는 것을 그때 깨달았다. 그래서 어린 자신에게 "여자로 다시 태어난다!라고 7번 외쳐 보렴. 그러면 점점 자유로워질 거야"라고 가르쳐 주었다.

그러자 어린 자신은 "응!" 하고 힘차게 끄덕이더니 다시 손가락으로 숫자를 세며 외쳐 주었다. 다 외치고 난 아이는 활기가 넘쳐 보였다. 동시에 그 여성의 머리는 상쾌해졌고 눈앞의 안개가 걷힌 느낌이 들었다.

여성이 자신의 자기긍정감이 낮다고 다시 생각해 보았더니 좀 전처럼 숨쉬기 답답한 느낌은 사라져 있었다. 그래서 다시 한 번 즐거워 보이는 어린 자신에게 돌아가서 "집이나 유치원에서 싫은 일은 뭐가 있어?"라고 물어보았다. 그러자 "모두 심술을 부릴 때가 싫어!"라고 말했다.

그래서 그 아이에게 "싫다고 느꼈을 때 '여성으로 다시 태어난다!'라고 7번 외쳐줄래?"라고 부탁했다. 그러자 "응!"이라고 씩씩하게 대답해 주었다. "많이 외칠수록 내가 점점 즐거워지니까 부탁해!"라고 부탁했다.

어린 시절부터 성실했던 자신은 분명 유치원 때부터 29년간 계속 "여성으로 다시 태어난다!"라고 외쳐주었을 거라고 생각했더니 기분이 좋아졌다. 그리고 어린 자신이 계속 외쳐 줘서인지 '아, 나는 일하는 여성으로 보이는 것이 싫었던 거구나'라는 것을 깨달았다.──

어렸을 때부터 여자는 사랑받지 못한다고 느껴왔는데, 자신이 일을 열심히 할 때마다 주변에서는 일을 잘하는 사람이 아니라 일을 잘하는 여자라고 강조했다. 결국 어린 시절부터 느껴온 감각이 불쾌한 감정을 만들어 냈다. 그래서 자기긍정감이 내려간 것이었다.

그때부터 그 여성은 '여자로서 사랑받아서 좋아'라는 마음으로 악착같이 일하지 않게 되었다.

일 때문에 무리하지 않아서인지 여성이라고 느껴지는 시간이 되면 반드시 기분이 침울해졌던 것도 없어졌다. 증상도 약간 가벼워져서 '만약 내 여성성을 받아들이지 않았다면 증상이 무거워졌을 거야'라고 생각할 정도로 편해졌다고 한다.

그 아이가 제대로 외쳐 주었기에 달려졌다고 생각하니 기분이 뿌듯했다. 열심히 손가락을 하나씩 굽히며 키워드를 외치는 그 아이의 모습이 떠오를 때면 눈물이 나기도 한다고.

과거의 자신에게 부탁했던 일로 과거가 바뀌어서 '나는 여성인 이대로가 좋아!'라는 마음이 되었고, 자기긍정감이 점차 높아진 것이다.

또 다른 한 여성의 이야기를 해 보겠다. 그녀는

다른 사람들 앞에 나서면 지나치게 긴장해서 말문이 막혀 버리는 고민을 안고 있었다. 아무래도 사람들 틈에 있으면 주변 사람과 자신을 비교해서 '저 사람은 나보다 젊고 건강하고 예쁘네', '저 사람은 나보다 머리도 좋고 이야기도 잘 정리해서 말해'라는 식으로 생각했다.

그러자 '나는 저 사람처럼 예쁘지 않아', '저 사람처럼 정확하게 이야기하지 못해'라는 생각이 들었고, 자기긍정감은 낮아져만 갔다. 결국 '모두 나를 무시하고 미워할지도 몰라'라는 마음이 들자 두려움과 긴장감에 제대로 입이 떨어지지 않는 상태에 이르고 말았다. 어린 시절부터 줄곧 이런 느낌이 들었고, 자신은 바뀔 수 없다며 우울해했다.

그래서 과거를 바꾸는 방법을 사용해 보았다. 그 여성에게 사람들 앞에서 자기긍정감이 떨어지는 상황을 떠올리게 했다. 그리고 그때 몸에 어떤 변화가 있는지 주목하게 했다. 그러자 마치 배에 구멍이 난 것처럼 쓸쓸한 느낌이라고 했다. 그 구멍 뚫린 느낌에 주목하면서 그 감각이 몇 살의 자신과 이어져 있는지 머릿속으로 떠올려 보도록 했다.

그녀는 다섯 살과 중학생 시절의 자신을 떠올렸다. 다섯 살 때의 과거를 바꾸면 자연히 중학생 때의 자신도 바뀔 것으로 생각했기에 다섯 살의 모습을 선택하게 했다.

그러자 웅크리고 앉아서 무릎에 얼굴을 파묻고 있는 모습이 나타났다. 그 아이는 마치 무서운 무언가가 자신이 보지 않는 사이에 사라져 주기를 바라는 것처럼 몸을 앞뒤로 움직이고 있다고 했다.

그래서 자기긍정감이 높아지는 키워드 중에서 '모두 무의식에서 이어져 있다!'를 골라 웅크리고 있는 아이에게 "두려움이 사라질지도 모르니까 이것을 7번 외쳐 볼래?"라고 부탁했다.

──그 아이는 몸을 앞뒤로 움직이면서 고개를 끄덕였다.

몸을 앞뒤로 움직이는 것을 멈추고 그 말을 외치더니 얼굴을 살짝 들었다.

하지만 표정은 슬퍼 보였다. 그래서 이번에는 "일체감의 재구축!이라고 7번 외쳐 줄래?"라고 부탁했다. 그 아이는 "응"이라고 수긍하고 그 말을 외쳤다.

그러더니 "와, 갑자기 머리가 맑아졌어!"라며 일어서서 일체감의 재구축이라고 중얼거리면서 여성의 주변을 돌기 시작했다.

이 키워드가 좋겠다 싶어서 그 아이에게 "평상시 생활에서 싫은 게 있어?"라고 물어보았다. 그러자 "엄마가 슬퍼 보일 때!"라고 씩씩하게 대답해 주었다. 어머니가 부업으로 열심히 벌어둔 돈까지 전부 가져가서 술을 마시고 온 아버지를 보면서 슬퍼하던 어머니의 모습이 떠올랐다. 이렇게 천진난만한 아이가 그 속에서 괴로웠던 것을 생각하니 가슴에서 뜨거운 무언가가 솟아올랐다.

그 아이에게 "괴로워하는 사람이 있어서 슬퍼지면 '일체감의 재구축!'이라고 외쳐 줄래?"라고 부탁했다. "많이 외치면 모두가 점점 행복해질지도 모르니까!"라는 말도 함께 전했다. 아이는 "응!"이라고 활기차게 대답하고 "일체감의 재구축!"이라고 외치면서 계속 빙글빙글 돌았다.——

그때부터 그 여성은 사람들의 시선을 신경쓰지 않고 자신의 생각을 자연스럽게 말하게 되었다. 사람들 속에 들어가서 말을 하게 되자 모두 자신과 같다는 생각이 들어서 몸에 잔뜩 들어갔던 긴장이 확 풀렸다.

상대에게 신경쓸 필요도, 상대와 비교할 필요도 없다는 마음이 들자 자유로워졌다.

——여성은 어린 시절의 일을 떠올려 보았다. 자신이 어머니가 원하는 아이가 되면 어머니를 슬프게 하지 않을 거라고 생각했다. 시간이 흘러도 어머니를 웃게 하지 못했던 자신을 탓했었지만, 그 마음은 마치 불꽃처럼 사라졌다고 한다.

천진난만한 다섯 살의 자신이 계속 "일체감의 재구축!"이라고 외쳐 주었으므로 있는 그대로의 자신을 좋아하게 된 것 같았다. 어머니가 슬픈 얼굴을 하고 있어도 아버지가 아무리 심한 일을 저질렀다고 해도 모두의 내면은 이어져 있어 일체감이 느껴진다는 것이다.

그런 생각이 불쑥 솟아오르자 지금까지 용서하지 못했던 아버지에 대한 마음이 풀렸다고 했다. 아버지에게 품은 분노에서 해방되자 점점 다른 사람들과의 일체감을 느끼게 되었고, 있는 그대로의 자신을 좋아하게 된 것이다.──

또 하나 신기한 일이 있었다.

여성의 머릿속에서 "일체감의 재구축!"이라고, 그 아이가 힘차게 외치는 모습이 이따금 떠오른다고 했다. 그것이 영향을 준 것인지, 상사에게 "자네 부서의 팀워크가 회사 내에서 가장 좋아"라는 말을 들었다고 한다.

그 여성은 직장의 동료가 생기 있게 일하는 것을 보면서 "일체감의 재구축!"을 외치는 어린 자신의 모습을 떠올린 것이다.

23 ▸ 부정당하면
바로 '자신을 형편없다'고
생각한다

심리 상담을 하러 온 사람이 다음과 같은 이야기를 털어놓았다.

마트의 계산대에 줄을 섰는데 "고객님! 그쪽이 아니라 이쪽에 서 주시겠어요?"라고 지적을 받았다고 한다. "아, 네"라고 대답은 했지만, 얼굴이 달아올라서 다시는 이곳에 오지 못하겠다고 생각했다. 이렇게 조금 주의를 받은 것만으로도 '나는 부정당했다'라고 느껴서 세상이 무너지기라도 한 듯 온종일 그

때의 상황을 곱씹는다는 것이다.

회사에서 일을 할 때도 "이 숫자를 쓰는 방법이 틀렸어요"라는 말을 듣고 나서 '나는 일을 관둬야 하는 건가?'라고 생각할 정도로 심하게 자책한다고 했다.

꼼꼼히 살펴보니 자신이 숫자를 쓰는 법은 틀리지 않았다. 그런데 상대에게 무슨 말을 들으면 곧이곧대로 받아들여서 자신을 형편없는 존재로 인식하고 자기긍정감이 밑바닥으로 내려가는 것이다.

다른 사람에게 부정당하는 것이 무서워서 편하게 무언가를 할 수 없는 상태였다. '이런 말을 하면 부정당하지 않을까?', '이런 일을 하면 비판받지 않을까?'라는 식으로 의미 없는 생각만 한다고 했다.

나도 다른 사람에게 비판을 받으면 '나는 형편없는 존재야'라고 진심으로 생각하므로 이 이야기를 듣고 굉장히 공감했다. 하지만 그런 상태에서 벗어나 자유롭게 되어 자기긍정감이 올라간다면 굉장한 변화가 있을 것 같아서 과거를 바꾸는 방법을 설명하고 함께 해 보기로 했다.

일단 다른 사람에게 부정당했을 때, 몸에 어떤 변화가 느껴지는지 확인하게 했다. 그러자 사람들에게 머리를 얻어맞아서 비참해 지고 눈물이 맺히는 느낌이라고 가르쳐 주었다.

그렇다면 그 감각에 주목했을 때 과거 몇 살의 나와 이어져 있는 느낌인지 물어보았다. 그가 여섯 살이라고 했으므로 "여섯 살 때의 모습을 떠올려 주세요"라고 부탁했다.

아이의 모습을 떠올릴 수는 있지만, 등을 돌리고 있어서 이쪽을 보지 않는다고 했다. 그래서 자기긍정감을 높이는 키워드에서 무엇을 외치면 이쪽을 무서워하지 않고 볼 수 있을지 찾아보았다. 혹시 '사랑받는 모습'이 맞지 않을까 싶었다.

──"사랑받는 모습!이라고 7번 외쳐 줄래? 즐거워질 수도 있으니까"라고 여섯 살의 아이에게 부탁

했다. 그 아이는 등을 돌린 채 "응!"이라고 대답했다. 기다렸지만 아이는 다 외치고도 이쪽을 돌아보지 않았다.

그래서 이번에는 "공포를 제자리로 되돌린다!"라고 외치도록 했다. 다 외치고 나자 그 아이가 이쪽을 바라보았다. 그에게 다시 한 번 다른 사람에게 부정당했다고 생각해 보도록 했다. 그는 불쾌한 감각이 느껴지지 않는다고 했다.

또다시 여섯 살의 자신과 마주한 뒤 "평상시 생활에서 안 좋은 일이 있니?"라고 질문했다. 그러자 그 아이는 "화내는 사람을 보는 게 싫어!"라고 가르쳐주었다.

그 말을 들었을 때 그는 어머니와 할머니의 사이가 나빠서 항상 두 사람이 서로를 험담하는 것을 들었던 기억이 났다고 했다.

그 아이에게 "안 좋은 기분이 들 때는 공포를 제자리로 되돌린다!라고 7번 외쳐 줄래?"라고 부탁했다. "외치면 외칠수록 사이가 좋아질지도 몰라!"라고

전달하자 "응!"이라고 활기차게 대답해 주었다.──

　이후 그 사람이 다시 방문했을 때 들어 보니, 이제는 다른 사람에게 지적당하는 일을 무서워하지 않게 되었다고 한다.

　상대가 이쪽을 지적할 때는 오히려 상대의 마음에 '내가 지적하면 반발을 사지 않을까?'라는 두려움이 있을 것이라고 설명해 주었다. 그런 상대의 공포가 자신에게 전달되어 공포감이 생겼고, 자기긍정감이 점점 낮아졌다는 것이다.

　자신이 상처를 받을 때는 상대도 부정당할까 봐 겁내고 있을 때라는 것을 알게 되자, 전부 신경쓰지 않게 되었다고 후련하다는 듯이 말했다.

　어머니와 할머니에게 서로의 험담을 들을 때마다 "공포를 제자리로 되돌린다!"라고 외치는 여섯 살의 자신을 떠올려 보면 웃음이 난다고 했다. "그 두 사람도 무서우니까 험담을 하는 거예요"라고 하자 이해가 갔다.

신기한 점은 본인도 그 여섯 살 아이에게 이끌려 비판받는 것을 신경쓰지 않게 되었다는 것이다.

또 다른 사례로 육아를 하는 한 여성의 이야기를 해 보겠다.

그녀는 다른 엄마가 "아이한테 주의를 줄 때는 그렇게 상냥하게 하면 안 돼요"라며 농담처럼 한 말을 듣고 자신이 한심하게 느껴져서 우울해졌다. 이 상태로 아이를 키우다 보면 아이도 자신처럼 자기긍정감이 낮아져서 괴로운 삶을 살 거라고 생각했다.

그 여성은 예전부터 타인에게 조금이라도 부정당하면 마치 세상이 무너진 것처럼 '나는 살 가치가 없어'라는 기분이 들었고, 전부 내팽개치고 싶었다고 한다. 그리고 그런 기분이 드는 자신이 무책임하고 싫었다. 결국 아무것도 하지 못하고 가슴에 응어리만 생겨서 점점 비참한 기분이 되었다.

그리고 아이가 선생님에게 주의를 받은 일을 아이 친구 엄마들에게 들으면 자신의 육아법이 잘못되었다는 생각에 절망적인 기분이 되었다. 그것을 알려 준 아이 친구 엄마에게도 부정당하는 느낌이 들고, 아이를 잘못 길렀다고 선생님에게도 부정당하는 것 같아서 우울함이 극에 달했고, 자신이 한없이 실망스러웠다.

나는 다른 사람에게 조금이라도 부정당하면 자기 긍정감이 바닥까지 내려가는 것은 마음의 상처와 관련되어 있을 거라고 생각했다.

마음의 상처를 찾아가는 것은 어려운 일이므로 일단 과거를 바꾸자고 설명하고 함께 해 보기로 했다.

다른 사람에게 부정당한다고 생각했을 때 어떤 느낌이 드는지 묻자 바로 "누군가 심장을 움켜쥔 것처럼 괴로워요"라며 괴로운 표정을 지었다.

이번에는 그런 감각이 몇 살의 자신과 이어져 있는 느낌이냐고 묻자 "모르겠어요"라고 대답했다.

그녀는 다른 사람에게 부정당하는 것이 무서워서 확실하지 않으면 말을 못 하는 것 같았다. 그래서 "그냥 확 떠오른 숫자를 적당히 가르쳐 주세요"라고 했더니 "아홉 살이요"라고 했다가 "아니 기다려 주세요. 점점 어려져서 아기가 되었어요!"라고 말했다.

'아기에게 외치게 할 수 있을까?'라고 조금 불안했지만, 일단 "지금 아기는 어떤 모습입니까?"라고 질문했다. "무섭고 겁이 나서 울지도 못하고 떨고 있는 상태예요"라고 가르쳐 주었다. 그래서 자기긍정감이 높아지는 키워드에서 '마음이 평온해진다!'를 골랐다. 떨고 있는 아기에게 "편해질 수도 있으니까, '마음이 평온해진다!'라고 함께 외쳐 줄래?"라고 부탁하게 했다.

여성이 떠올린 이미지 속에서 아기와 함께 키워드를 외치자 "아기가 울기 시작했어요"라고 했다. 아기가 운다는 것이 자기긍정감이 올라간다는 뜻인지 조금 불안했지만 "다시 한 번 '마음이 평온해진다!'를 우는 아기와 함께 외쳐 주세요"라고 부탁했더니 "아기가 웃는 얼굴이 되더니 성장하고 있어요!"라고 가르쳐 주었다.

이미지 속에서 성장한 아이가 방긋 웃고 있다고 했다. 그래서 다시 한 번 여성에게 다른 사람에게 부정당하는 상황을 떠올리게 한 뒤 심장을 움켜쥐는 고통이 아직 남아 있는지 확인해 보도록 하자.

"이제 고통이 없어져서 후련해졌어요"라고 말했으므로 다시 성장한 아이에게 돌아가게 했다.

——그 아이에게 "평소 생활에서 안 좋은 일이 있니?"라고 물어보았다. 그러자 "별로 없어!"라고 대답했다. 허탕을 치는 느낌이었다. "그렇다면 아무 일도 없을 때 '마음이 평온해진다!'라고 7번 외쳐 줄래? 내가 점점 자유롭게 될 테니까"라고 전달하자 아이가 "좋아!"라고 대답해 주었다.——

그 여성은 다음 상담 때 "선생님, 알았어요. 왜 내가 다른 사람에게 부정당하는 것을 무서워했는지"라며 흥분한 기색으로 알려 주었다. 어머니가 자신을 임신했을 때 아버지가 바람을 피운다는 사실이 발각

되었고, 어머니는 '배 속의 아이만 없어도 이혼할 수 있을 텐데'라고 생각했다고 한다. 예전에 어머니가 그런 말을 한 것이 떠올랐다는 것이다.

잘못을 저지른 아버지에게 어머니가 살기를 품는 것을 보고 '잘못을 저지르면 어머니가 날 죽일지도 몰라'라는 공포가 생겨났다고 깨달은 것이다 그래서 조금이라도 부정당하면 세상이 무너진 것처럼 자신을 형편없게 생각했다고 기뻐하며 말했다.

이후로 그 여성은 다른 사람에게 비판받아도 아이가 꾸중을 들어도 '모두 적당히 살아가는 거니까!'라고 흘려 듣게 되었고 점점 자기긍정감이 높아져서 자유를 찾았다. 어째서 그렇게 생각할 수 있냐고 물어보았더니 "헤어지겠다고 하더니 지금도 부모님은 함께 사시고, 그 후에도 아버지가 계속 바람을 피웠지만 자식들이 자립한 뒤에도 어머니는 전혀 바뀌지 않았으니까요"라고 상쾌하게 말했다.

그랬더니 어느새 아이도 구김살 없이 자라 주었고, 아이의 장래를 기대하게 되는 쪽으로 생각이 변해갔다고 한다.

자신도 모르는 사이에 여러 가지 마음의 상처가 자기긍정감에 영향을 주는 모습을 확인할 수 있었다.

24 ▸ "불가능하다" 처음부터 포기한다

앞에서도 말했지만, 나는 어린 시절부터 해봤자 "안된다"고 생각해서 공부를 전혀 하지 않았다.

공부를 잘하는 아이들과 나를 비교하면서 공부를 포기했고, 전혀 노력을 기울이지 않았다. 주변에서는 "조금이라도 열심히 하면 머리 좋은 아이를 따라잡을 수 있을 거야"라고 했지만, 처음부터 두 손을 들고 포기했으므로 그 말을 들으려고 하지 않았다. 당연히 안 좋은 성적표를 받아들었고, 자기긍정감은 더욱 바닥으로 내려가서 공부와는 담을 쌓게 되었다.

이후로도 다른 사람에게 평가를 받는 상황이 되면 내가 해낼 수 있을 거라고 믿지 못했다. 그러다 보니 좋은 평가를 받기 위한 노력은 꿈도 꾸지 못했다. 마음속으로는 제대로 노력하고 싶지만 어차피 안 될 것 같다는 생각이 작용해서 쓸데없는 일에만 신경이 쓰였다. 결국 무기력한 자신의 모습만 재확인했다.

그래서 나는 "안 될 거야"라는 느낌이 드는 상황을 떠올려 보고 그때 어떤 몸의 변화가 있는지 확인해 보았다. 그러자 눈에 눈물이 맺혔고 눈 안쪽에 약간의 위화감을 느꼈다. 이 감각은 과거에서 몇 살의 나와 연결되어 있는지 스스로 질문해 보자 다섯 살 때가 떠올랐다. 다섯 살 때의 내 이미지를 떠올려 보자 유치원 원복을 입고 콧물을 흘리는 모습이 나타났다.

만화처럼 큰 눈으로 바보처럼 엉뚱한 방향을 보고 있었고, 입은 벌린 채 손가락을 물고 있었으며, 가만히 있지 못하고 계속 발을 움직이는 모습에 조금 충격을 받았다.

어떤 키워드를 외치게 해야 이 바보 같은 아이의 자기긍정감이 올라갈지 고민하면서 머릿속으로 리스트를 읽어 나갔다. 그리고 '남자로 다시 태어난다'를 읽었을 때, 와 닿는 느낌이 들어 다섯 살의 나에게 외치도록 했다.

이미지 속 다섯 살의 "나에게 '남자로 다시 태어난다!'라고 7번 외쳐 줄래?"라고 부탁했다. 그러자 "왜 그런 일을 해야 해?"라는 말이 떠올랐다. 다섯 살의 나는 계속 돌아다녔고 나 자신도 다른 생각이 나서 집중할 수가 없었다. '외치게 하지 않으면 나는 바뀔 수 없어'라고 생각했더니 조금 집중이 되었다. "내가 외치기를 바라니까 외쳐!"라고 부탁하자 "스스로 하면 되잖아!"라는 말이 떠올랐다.

"내가 바뀌려면 네가 외쳐줘야 해!"라고 강하게 부탁했더니 다섯 살의 나는 "그럼, 할게!"라고 하더니 외치기 시작했다. 맨 처음에는 앳된 목소리였다가 점차 어른스러워졌고, 7번 모두 외쳤을 때는 침착하지 못했던 모습이 사라져 머릿속이 조용해졌다.

성공인지 확인해 보려고 '나는 안 될 거야'라는 느낌이 드는 상황을 다시 떠올려 보았다. 그러자 좀 전처럼 눈물이 맺히지 않았다. 눈 안쪽의 위화감도 없어져서 기분이 좋았다. 하지만 나는 의심스러워서 '정말로 그 키워드가 맞은 걸까? 혹시 다른 것을 외치게 해도 효과는 똑같은 게 아닐까?'라고 생각했다. 그래서 지금까지 상담자에게 가장 효과적이었던 '돈 많은 부자'를 완전히 진정된 다섯 살의 나에게 7번 외치게 했다.

그러자 다시 진정하지 못하고 안절부절못했으며 내 머릿속도 뒤죽박죽되었다. 나는 깜짝 놀라서 다섯 살의 나에게 "다시 한 번 남자로 다시 태어난다고 7번 외쳐 줄래?"라고 부탁했지만, 다섯 살의 내 모습은 어디론가 자취를 감추었다. 그래서 "다섯 살의 나에게 부탁할게. '남자로 다시 태어난다!'라고 7번 외쳐 줘!"라고 모습은 보이지 않았지만 부탁해 보았다. 다행히 마음이 진정되어 집중할 수 있었다.

'역시 이 키워드가 맞구나'라고 생각해서 다섯 살의 내 모습을 다시 떠올렸다. 그러자 처음처럼 바보 같았던 아이가 아니라 차분한 모습이 머릿속에 떠올랐다. 나는 "평소 생활에서 안 좋은 일이 있어?"라고 물으며 키워드를 외치게 할 타이밍을 찾았다. 그러자 다섯 살의 나는 "전혀 없어!"라고 했다.

그 씩씩한 모습에 나는 조금 놀랐다. "곤란한 일은?"이라고 물어봐도 없다고 하니 키워드를 외치게 할 타이밍을 찾을 수가 없었다. 그래서 "그럼, 무섭다고 느끼는 일은?"이라고 물어보자 "그건 있어!"라는 대답이 돌아왔다. "무섭다고 느낄 때 남자로 다시 태어난다고 7번 외쳐 줄래?"라고 부탁했다. 그러자 "좋아!"라고 흔쾌히 대답해 주었고, 바로 "남자로 다시 태어난다!"라고 외쳐 주었다.

안심하는 마음으로 현실로 돌아오자 '노력해서 실

패하는 것이 무서워서 다 포기하고 도망쳤구나'라는 것을 깨달았다. 열심히 노력했는데도 실패하면 '이 아이는 아무것도 아냐'라고 모두에게 버려질까 봐 무서웠다는 것을 확실히 알았다. 그리고 자기긍정감이 낮아져서 다른 사람에게 버려지는 것을 더욱 두려워하게 된 것이다.

그러자 그 느낌이 점점 내면에서 과거의 일이 되어 희미해지고 마침내 손 위에서 사라졌다. 그리고 있으니 노력해서 실패해도 바뀌는 것은 아무것도 없다는 현실이 제대로 눈에 들어왔고, 무언가에 도전해 보고 싶었다. 어느새 자기긍정감이 높아진 것이다.

과거의 다섯 살 아이가 '남자로 다시 태어난다'라고 외치면서 몇십 년간 성장하는 과정에서 점점 나는 바뀌어 가고, 드디어 자기긍정감이 높아져서 있는 그대로의 모습으로 살 수 있게 된 것이다.

25 ▶ 남의 시선이 마음에 걸려서 사는 게 힘들다

어느 날 남의 눈이 신경쓰여서 살아가기 힘들다는 여성이 심리 상담을 받으러 찾아왔다.

그녀는 항상 다른 사람들에게 어떻게 보이는지 신경 쓰여서 좋은 사람인 척 연기했다. 자신은 좋은 사람이니까 상대에게 친절하게 대하는데, 상대는 고맙다는 표현도 없이 쓸데없는 업무만 떠맡긴다고 했다.

결국 '어째서 내가 이런 일을 해야 하는 거지?'라는 마음에 비참해졌고 자기긍정감이 낮아진 것이다.

남의 눈을 신경쓰지 않는 사람은 크게 신경쓰지 않아도 평범하게 주변 사람들과 사이좋게 지내고, 업무도 적당히 하고 즐겁게 지내는데, 자신은 그렇지 못해서 고심하고 있었다. "남의 눈을 신경쓰지 말고, 당당히 하자"라고 몇 번이나 결심했지만 어느새 제자리로 돌아와서 다른 사람 눈치를 보다가 상처받고 점점 자기긍정감이 낮아지는 일을 반복했다.

낮은 자기긍정감은 그녀를 더욱 움츠러들게 했고, 그럴수록 주변 사람들은 그녀를 자신보다 낮은 존재로 보고 소홀하게 취급했으므로 더욱 자기긍정감이 낮아지는 악순환이 생겼다.

그 여성은 지금까지 자신의 주장을 펼치려고 하

고, 명상을 통해 마음을 진정시켜 남의 눈을 신경쓰지 않으려고 했지만, 본질적으로 바뀌지 못했다. 그래서 과거에 입은 마음의 상처가 관련되었다고 생각하게 되었다. 그래서 나는 과거를 바꾸는 방법을 체험해 보도록 했다.

먼저 남의 눈이 신경쓰일 때 느껴지는 몸의 변화에 주목하게 했다. 여성은 서유기에서 손오공의 머리를 조이는 띠처럼 머리가 단단히 죄어진 기분이라고 했다. 그래서 그 감각에 주목하면서 그 감각이 몇 살의 자신과 이어져 있는지 떠오르는 숫자를 알려 달라고 했다. 그녀가 네 살이라고 말하자마자 머릿속에 무표정한 얼굴을 한 작은 여자아이가 서 있는 이미지가 확 떠올랐다고 한다.

여성은 이미 여러 차례 심리 상담을 받은 경험이 있었으므로 "저 아이에게 말을 걸어서 무표정해진 이유를 물어볼까요?"라고 나에게 질문했다. 확실히 그런 심리 상담 방법도 있지만, 나는 "그 아이에게 키워드만 외치게 해도 됩니다"라고 전달했다.

　——리스트 중에서 '여성으로 다시 태어난다'를 골라서 무표정한 아이에게 "마음이 편해질지도 모르니까, '여성으로 다시 태어난다!'라고 7번 외쳐 줄래?"라고 부탁했다. 그러자 아이는 힘없이 끄덕인 뒤 입만 움직여서 외치기 시작했으나 이내 울음을 터뜨렸다.

　'감정이 나왔으니까 성공인가?'라고 생각해서 "다시 한 번 외쳐 줄래?"라고 울고 있는 여자아이에게 부탁했더니 "싫어! 싫어!"라고 고개를 저었다. 이 아이의 자기긍정감이 높아지는 것은 이 키워드가 아니었다.

　그래서 이번에는 '돈 많은 부자'를 골라서 "이것을 외치면 즐거워질지도 몰라"라고 부탁했다. 그러자 좀 전까지 울고 있던 여자아이가 활기차게 "응!"이라고 대답한 뒤 "돈 많은 부자! 돈 많은 부자!"라고 뛰어오르면서 외치지 시작했다.——

나는 "이거구나!"라고 조금 놀랐다.

여성에게 남의 눈이 신경쓰이는 상황을 다시 생각하게 했더니 "머리를 죄는 느낌이 없어요"라고 했다. 그래서 다시 과거의 여자아이에게 돌아가서 키워드를 외치게 할 타이밍을 찾도록 했다.

——"평상시 생활에서 안 좋은 일이 뭐야?"라고 물어보자 여자아이는 "몰라!"라고 했다. 아직 네 살이라서 알 수 없는 건가 싶었는데, 혹시나 하는 마음에 "혹시 모르는 것이 있을 때가 싫으니?"라고 여자아이에게 질문을 해봤더니 "응!"이라고 힘차게 대답했다.

자칫 모르고 넘어갈 수 있었던 위험한 순간이었다. 여자아이에게 엄마가 무슨 생각을 하는지 모를 때, 뭐든지 몰라서 답답할 때 "돈 많은 부자!"라고 외쳐 달라고 부탁했다. 그러자 여자아이는 활기차게 "응!"이라고 대답했다.——

그때부터 남의 눈이 신경쓰여서 살아가기 힘들다고 말하던 여성은 다른 사람의 기분을 생각하지 않게 되었다. 이전에는 다른 사람의 시선에 지나치게 마음을 써서 쭈뼛거렸지만, 그런 느낌 없이 당당해지게 되었다.

흥미로운 점은 예쁘게 화장을 하고, 멋지게 옷을 차려입은 등 외모까지 바뀌었다는 점이다. 그래서 오히려 남의 눈을 신경쓰던 시절에는 화장도 복장도 개의치 않았는지 물어보았다. 그러자 여성은 "예쁘게 화장을 하면 건방지게 보일까 무서웠어요"라고 대답했다. 나는 그녀의 마음을 이해할 수 있었다.

"주변 사람의 기분을 살피다 보면 단점을 지적당하는 것에 마음이 쓰여서 결국 자신이 하고 싶은 대로 하지 못하게 되는 법이지요."

내가 이렇게 말하자 여성은 다음과 같은 이야기를 들려주었다.

"제가 네 살 때 아기였던 제 동생이 하늘나라로 갔어요. 그때부터 엄마는 미소를 잃고 우울해지셨

지요."

그때부터 여성이 귀여운 아이를 연기하면서 놀고 있으면 어머니의 안 좋은 시선이 자신에게 꽂혔다고 했다. 그래서 '즐거워 보이면 안 되는구나'라고 어머니의 눈치를 살피게 되었고, 자신이 좋아하는 일을 하지 못하게 된 것이다.

그런 어린아이가 어머니의 시선이 걱정될 때 '돈 많은 부자!'라고 활기차게 외치는 모습이 머릿속에 떠올랐다. 외치면 외칠수록 공포가 사라지고 여자아이는 점점 귀엽게 변해 갔다.

그렇게 '돈 많은 부자'라고 활기차게 외치다 보면 어느새 비통한 얼굴을 하고 있던 어머니의 얼굴에도 미소가 번지게 되는 것이다.

'돈 많은 부자'라고 계속 외친 여자아이는 눈부시게 빛나게 되고, 그 모습에 이끌려 주변 사람도 웃게 된다. 내게 찾아왔던 그 여성이 활짝 웃는 모습을 보고 있자니 그런 이미지가 떠올랐다. 나는 과거가 바뀌었을지도 모른다는 생각에 흐뭇해졌다.

26 ▸ 뭐든지 길게 지속하지 못한다

어째서 머릿속에 떠올린 과거의 자신에게 이상한 키워드를 외치게 하는지 의아해 하는 사람도 있을 것이다.

하지만 이유가 있다.

나는 스스로 자신을 제어할 수 없는 상태를 '발작'이라고 부른다. (의학, 심리학 용어가 아닌 내 개인적인 호칭법이다.)

예를 들어 딸꾹질도 발작이다. 이것은 한번 시작하면 자신의 의사와 관계없이 나온다. 긴장이나 불안처럼 스스로 제어할 수 없는 것은 딸꾹질처럼 뇌일부가 일종의 경련을 일으켜서 긴장이 멈추지 않거나 불안이 점점 솟아오르는 느낌이 되는 것이다.

자기긍정감이 낮은 사람은 뇌에서 발작을 쉽게 일으키는 상태다. 그런 사람은 사소한 일에도 금방 발작이 일어난다.

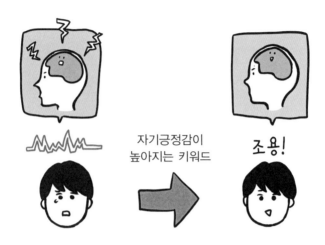

자기긍정감이
높아지는 키워드

조용!

게다가 '나는 불안하다', '굉장히 긴장하고 있다'라고
스스로 생각하거나 말하면 더욱더 불안이 솟구친다.
그 상태가 되면 본인을 쉽게 멈출 수 없게 된다. 자
신의 말로 일어난 불안의 발작이지만, 한번 시작하
면 자신의 힘으로 좀처럼 멈출 수가 없다.

하지만 '불안하다', '긴장된다'라는 말로 발작이 일
어난다면, 말로 발작을 멈출 수도 있을 것이다. 그렇

게 발작을 멈추는 말을 모아 놓은 것이 자기긍정감을 높이는 키워드이다. 나는 불안, 긴장, 걱정 등 발작의 종류에 따라 뇌가 경련하는 부위가 다르다고 생각한다. (어디까지나 이미지다.) 그 뇌 부위의 경련을 말로 조용히 진정시키는 것이다.

뭐든지 길게 지속하지 못하는 고민을 안고 심리 상담을 받으러 온 사람이 있다. 영어도 유창하고, 손재주도 좋아서 다들 머리가 좋은 사람이라고 부러워했지만, 업무든 뭐든 길게 지속하지 못하고 어느 지점까지 가면 손을 놓는다고 했다.

뭐든지 길게 지속하지 못하므로 대단한 능력이 있는데도 자기긍정감이 낮아서 '나는 무엇을 해도 안 돼'라고 느끼게 되었다. 그리고 일을 할 때도 꾸준히 하지 못해서 다시 처음부터 시작할 때가 많았다. 결국 가진 능력에 비해 항상 낮은 위치에 있었으므로 자기긍정감은 더욱 낮아졌다. 사실은 자기보다도 훨씬 무능한 사람들이 잘난 체하는 모습을 보자 분

노에 휩싸였고, 다 내던지고 싶은 마음이 더욱 강해
졌다.

보통 이런 상태에 놓이면 "어리광부리고 있네. 응
석받이로 자라서 그러는 거야" "근성이 없으니까!"
라는 취급을 당한다. 실제 본인도 '내가 어리광을 부
리는 건가? 근성이 없어서 힘든 일을 참으면서까지
계속하지 못하는 거야'라고 자책했다. 하지만 무엇
을 하든 계속하지 못하는 것은 단지 발작으로, 과거
에 받은 마음의 상처 때문에 일어났을 뿐인지도 모
른다.

그래서 그 남성에게 끈기 있게 행동하지 못했던
상황을 떠올리게 하고 그때 어떤 몸의 변화가 있는
지 확인해 보았다. 그는 누군가 목덜미를 잡고 끌어
올리는 기분이라고 가르쳐 주었다. 그래서 그 감각이
몇 살의 자신과 이어져 있는지 머릿속으로 질문하고 떠
오르는 숫자를 가르쳐 달라고 했다. 그러자 아홉 살
과 열 살의 자신이라고 말했다. 나는 남성에게 아홉

살, 열 살의 본인 이미지를 떠올리게 했다.

──그러자 입고 있는 반바지 주머니에 손을 넣고 시선은 아래를 향한 채 지루한 듯이 돌을 걷어차는 남자아이의 모습이 떠올랐다. 그래서 자기긍정감이 높아지는 키워드에서 '마음이 평온해진다!'를 골라서 그 남자아이에게 '즐거워질 수도 있으니까 7번 외쳐줄래?'라고 부탁해 보았다.

그러자 그 남자아이는 힘없이 "응"이라며 고개를 살짝 끄덕이고 외치기 시작했다. 다 외친 그 아이는 슬픈 듯이 고개를 흔들며 아래를 바라보았다. 이번에는 '공포를 제자리로 되돌린다!'라고 7번 외치게 했다. 그러자 그 남자아이의 얼굴이 순식간에 밝아지고 빛이 났다. 그리고 "함께 놀자!"라며 남성 쪽으로 활기차게 다가왔다.──

이때 남성에게 끈기 있게 행동하지 못했던 상황을 다시 떠올리게 하자 "아무것도 느껴지지 않아요!"라고 했다. 다시 한 번 남자아이의 곁으로 돌아가게 한 뒤 "평상시 생활에서 안 좋은 일이 있니?"라고 물어보았다.

그러자 남성의 머릿속에 "사람의 차가운 마음이 무서워요"라는 말이 떠올랐다. 그래서 그 남자아이에게 "사람의 차가운 마음을 느낄 때는 '공포를 제자리로 되돌린다!'라고 7번씩 많이 외쳐 주겠니?"라고 부탁했다. 그러자 활기를 되찾은 남자아이는 "응!"이라고 크게 고개를 끄덕이며 반응해 주었다.

그로부터 얼마 후에 남성은 끈기 있게 일을 지속하는 자신의 모습을 확인했다.

업무도 적당히 할 수 있고, 괴로움 없이 즐기게 되었다.

그러던 어느 날 그가 왜 길게 지속하지 못하는지를 알려 주는 어떤 일이 떠올랐다. 딱 열 살 무렵 시험에서 100점을 맞고 어머니에게 기분 좋게 말했더니, 그 모습을 보던 아버지의 눈이 웃지 않고 마치 살기가 있는 것처럼 느껴졌다고 한다. 그것이 무서워서 뭐든지 지속할 수 없었고, 현실에서 도망쳐서 오로지 게임을 하는 데 열중했다고 한다.

남성은 "그것은 제가 엄마를 빼앗아간다고 느끼는 공포였어요"라고 기쁜 듯이 말했다.

자신이 아버지에 대해 공포를 느꼈다고 생각해서 도망쳤지만, 사실은 아버지가 느낀 공포를 받아들였을 뿐이었다.

10세의 남자아이가 "공포를 제자리로 되돌린다!"라고 계속 외쳐 주었기 때문일까? 과거의 그런 일들이 떠올랐다가 이윽고 희미하게 사라져 갔다. 그리고 '아버지와 오랜만에 대화해볼까?'라는 마음이 생겨서 신기하다고 알려 주었다.

그토록 싫었던 아버지였지만, 그 남성의 내면에서 별로 신경쓰지 않게 되었고, 아버지는 자신을 무서워했던 사람이라고 깨달은 것이다. 매우 흥미로운 사례였다.

27 ▸ 자신을
긍정적으로 보지 못하므로
인간관계도 불편하다

나는 자기긍정감이 낮아서 자신을 형편없게 생각했고, 주변 사람들이 나를 무시한다고 여겼으므로 인간관계가 불편했다. 그래서 사람들 틈에 있으면 항상 쭈뼛거렸다. 대학 시절의 친구는 '너는 따돌림을 당한 아이 같아'라고 말했다.

내가 따돌림을 당했던 과거의 일을 전혀 모르는 친구가 그런 말을 하니 속내를 들킨 기분이 들어서 비참했다. 역시 사람들이 불편했다. 이런 내 모습을 숨겨야 했으므로 '나는 거짓말을 하고 있다'라는 찜찜함이 항상 존재했다.

그리고 '이 사람은 진정한 내 모습을 모르니까 나하고 어울려 주는 거야'라는 느낌에 사로잡혔다.

그럴수록 상대에게 신경을 썼고, 어느새 상대가 나보다 입장이 우위가 되었다.

상대에게 괴롭힘을 당한다는 기분이 들자 자기긍정감이 더욱 낮아졌다. '당당해져도 돼'라고 의식적으로 연기를 했지만 오래 지속할 수는 없었다.

어느 날 당시 근무하던 클리닉의 원장이 이사를 하게 되어 직원 모두가 도움을 주러 갔다. 막상 가보니 원장의 집은 이사 준비가 전혀 되어 있지 않았다. 이사업체가 와 있기는 했지만, 내가 뭐든지 해야 할 것 같아서 열심히 이삿짐을 꾸렸다.

하지만 원장은 다다미방에 가만히 앉아서 차를 마시고 텔레비전을 보았다. 본인의 집이 이사를 하는 날이었지만 꿈쩍도 하지 않았다. 나는 '왜 저러지?'라고 생각했지만, 이대로 있으면 이사업체 직원들의 작업 속도에 맞출 수 없을 것 같아서 그 사람들에게도 신경을 쓰면서 움직였다.

그러자 사람들이 게으름을 피우는 것이 눈에 들어왔다. 열심히 일하는 이사업체의 직원들도 여럿 있었지만 이사가 더디게 진행되자 게으름을 피우는 사

람만 눈에 들어왔다. 그럴수록 시간은 늦어졌고, 나
는 해결하고 싶은 마음에 더욱 부지런히 움직였다.
이삿짐을 싸느라 내 몸은 땀투성이가 되었다.

그때 원장이 "오시마! 이쪽에 와서 앉아 봐"라고
말했다.

"아, 원장님. 지금 이 상자만 포장하고 가겠습니다."

"괜찮으니까 이쪽으로 와"

다다미방으로 불려간 나는 원장 앞에 바른 자세로
앉았다. 그리고 원장이 내어 주는 차를 마시고 허둥
지둥 작업으로 돌아가려고 했다.

"이사는 업체에 맡겨둬."

"네? 그럼 저는 여기에서 그냥 앉아 있으라는 말
씀이신가요?"

내가 여기에 앉아 있으면 이사업체 사람들이 나를
싫어할 것만 같았다. 하지만 당당한 원장과 함께 앉
아 있었더니 점점 기분이 진정되었다. 그때 문득 직
원들을 봤더니

놀랍게도 빠릿빠릿하게 움직이고 있는 것이 아닌가. 좀 전까지 느릿느릿했던 직원들이 제대로 움직이고 있어서 조금 충격을 받았다.

혹시 내가 뻔뻔하게 앞으로 나서서 이사업체 사람들의 팀워크만 어지럽힌 것일까? 그런 상황을 눈으로 확인하자 무서워졌다. 나는 자기긍정감이 낮으니까 겸허한 마음으로 주변 사람들보다 잘 움직일 수 있다고 생각해 왔다. 그래서 낮은 자기긍정감이 주변 사람의 도움이 된다고 믿어 왔다. 내가 희생해서 누군가에게 도움이 된다면 그것으로 만족했다. 하지만 내 낮은 자기긍정감이 독이 되어 팀워크를 어지럽혔고, 모든 사람이 본래 지닌 힘을 발휘하지 못하게 방해했다는 현실을 목격하자 내가 틀렸다는 것을 새삼 통감했다.

나는 그 자리에서 정확한 내 순위를 확인해 봤다. 건물 안에는 클리닉 직원이 많았는데, 원장의 오른팔이 있고, 나는 원장에게서 기대 받는 기대주였으므로 두 번째라는 높은 위치에 있었다. 그런데 원장이 돈을 주고 사용하는 이사업체보다 내 위치에 낮아지자 전체의 흐름이 깨졌고, 이사 작업을 더디게 만들었음을 알았다.

그 자리의 내 순위를 확인해 보고 그에 걸맞은 태도를 보이자 신기하게도 인간관계가 편해졌다. 좀 전까지 나에게 난폭하게 굴었던 이사업체의 직원도 나에게 신경을 쓰게 되었고, 내 자기긍정감은 본래 있어야 할 위치로 돌아왔다. 그리고 눈 깜짝할 새에 작업이 끝났고 원장은 "자, 오시마. 밥이라도 먹으러 갈까?"라고 했다.

자기긍정감을 되찾은 내가 "그럼 최고급 초밥을 먹으러 가도 되나요?"라고 하자 원장은 껄껄 웃었다. 내가 나를 긍정적으로 바라보자 그토록 불편했던 인간관계가 편해졌고 그저 앉아 있기만 해도 모두 함께 즐거운 분위기로 바뀌었다.

28 ▸ 우리는 자기긍정감이 낮아지기 쉬운 사회에 살고 있다

미국에서 공부하던 때의 일이다. 나만 교수에게 높임말을 사용했고, 다른 친구들은 "마이크" "밥"이라고 교수의 이름을 부르며 반말을 했다. 나는 '저런 실례를 범하다니', '존경심이라고는 없는 상스러운 사람들이네'라고 마음속으로 무시했다.

하지만 자기긍정감이 높은 친구들은 학생인데도 교수와 대등하게 지냈다. 적극적으로 교수에게 질문하고 나아가 의견도 제시했다. 나는 그 친구들이 교수를 이용해서 자신의 실력을 갈고닦고 우수해져 가는 모습을 직접 보았다.

나는 자기긍정감이 낮았으므로 '나 같은 게 질문해 봤자 누가 상대해 주겠어?'라고 생각했으므로 질문은 하지 않고 그저 교수의 이야기를 듣기만 했다. 자기긍정감이 낮아도 성실하고 겸허하게 행동하면 교수가 친절을 베풀어서 좋은 성적을 줄지도 모른다고 안일하게 생각했다.

그런데 막상 성적이 나와 보니 화들짝 놀랄 정도로 너무 낮았다. 그래서 '나는 영어도 못하고 이해도 못하니까 역시 안 되는구나'라며 점점 더 자기긍정감이 낮아졌다. '안 되니까 열심히 해야겠다'라고 마음먹고 혼자 노력했지만 성적은 올라가지 않았다.

어느 날 어떤 그룹의 친구들 앞에서 눈물을 흘린 적이 있었다. 자기긍정감이 낮은 나는 '모두 나를 무시할 거야'라고 생각했는데, 다들 나와 함께 울어주었기에 모두 나와 똑같다는 것을 깨달았다.

그것이 내 낮은 자기긍정감을 버리는 계기가 되었다. 그때부터 나는 수업 중에도 교수에게 질문하게 되었고, 내 의견을 교수에게 제시하게 되었다. 그러자 성적이 올라갔고 점점 자기긍정감도 올라갔다. 교수와 대등하게 의견을 교환했더니 점차 새로운 발견을 하게 되었고, 학회 발표까지 하게 되었다. 주변 학생들은 대단하다며 엄지를 치켜세웠다.

그 후 우리나라에 돌아와서 회사에서 일하게 된 뒤의 일이다. 회의를 하다가 사장에게 의견을 제시했더니 순식간에 회의 자리가 얼어붙었다. "자네가 그런 말을 하는 건 10년이나 이르다고 생각하지 않아?" "실적을 올린 뒤에 의견을 말해!"라는 호통이 날아왔고, 내 의견은 묵살되었다. 순식간에 나는 분위기를 읽지 못하는 형편없는 사람이 되어 자기긍정감이 뚝 떨어졌다.

　영업 실적이 올랐음에도 동료에게 '신입 주제에 건방지네!'라는 말을 들었고, 내가 올린 매출은 다른 사람의 공적이 되었다.

　나는 '내가 표창을 받아야 했는데!'라며 분한 마음이 들었다. 하지만 주변에서는 내 방식을 비난하면서 화를 냈고, '역시 나는 요령이 없는 형편없는 인간이구나'라는 생각이 들었다.

　일본에서 대학원 교수와 이야기를 할 때 의견을 낸 적이 있는데, 그 교수는 갑자기 삼국지의 제갈량과 마속의 이야기(제갈량이 공정한 일 처리와 법 적용을 위해 아끼던 신하의 목을 벤 이야기로, 읍참마속이라고 한다-역주)를 꺼내며 "상사를 따르지 않는 부하 직원은 아무리 우수해도 잘라내는 법이야"라는 설교를 들은 적이 있다. 그 설교를 들었을 때 '나는 언젠가 상사가 포기하고 잘라버릴 존재구나'라는 생각이 들었고, 자기긍정감이 낮아져서 교수에게도 상사에게도 의견을 말하지 못하게 되었다.

일본의 학회에 참가했을 때는 "재밌는 논문을 써 보자!"라며 만든 논문을 제출했더니 지나치다 싶을 정도로 심하게 비난받은 적이 있다. 나는 잘못을 저지른 형편없는 인간이 되었고, 자기긍정감은 더욱 낮아져서 어떤 새로운 것도 떠올리지 못하는 상태가 이어졌다.

일본에는 '튀어나온 말뚝은 얻어맞는다'라는 말이 있다. 그 말처럼 주변과의 조화를 생각하지 않고 의견을 제시하거나 발언을 하면 비판이나 부정을 당해서 자기긍정감이 낮아진다. 그 상태에서 주변의 공격을 받고 싶지 않아서 겸허하게 행동하면 아무 의견도 내지 않는데도 "저 녀석 건방지네!"라고 주변에서 질투의 공격을 받는다. 결국 자기긍정감은 바닥으로 떨어지고 만다.

당연히 일본도 다른 나라와 다름없이 자기긍정감이 높은 사람이 성공한다는 법칙이 있다. 흥미롭게도 자기긍정감만 높으면 실력이 없어도 승진하거나 빼어난 능력이 없어도 주변 사람에게 인정받을 수 있다.

하지만 자기긍정감이 낮은 사람이 노력을 통해 바뀌기는 어렵다. 미국의 경우는 자기주장을 하다 보면 의외로 간단히 자기긍정감이 올라가지만, 일본에서는 자기주장을 해서 자기긍정감을 올리려고 하면 주변의 압박을 받는다. 마치 자기긍정감이 낮은 사람이 위로 올라가지 못하는 시스템이 존재하는 느낌이다.

자기긍정감이 높아질 만한 환경에서 자란 사람은 이득을 보고, 그렇지 않은 사람은 자기긍정감이 낮은 채 항상 주변에서 당하고 발버둥치는 구조가 있는 것이다.

그래서 과거를 바꾸는 방법이 유효하다고 생각한다.

과거를 바꾸는 방법을 이용해서 자기긍정감이 높

아지는 환경에서 자란 사람들과 같은 자기긍정감을 얻는다면 질투를 받고 공격당해서 자기긍정감이 낮아지는 일을 없앨 수 있다. 그러면 자기긍정감을 높이려고 노력했다가 실패하고, 더욱더 자기긍정감이 낮아지는 악순환에서 벗어날 수 있다.

그리고 자기긍정감이 본디 낮았던 사람들이 점점 자신의 과거를 바꿔나가면 국가 전체가 바뀌게 될 것이다. 모든 사람의 자기긍정감이 높아진다면 나라 전체가 훤히 밝아지지 않을까?

29 ▸ 자책하는 기분이 없어지지 않는 이유가 있다

'나는 뭘 해도 안 돼'라고 강하게 생각하는 사람과 별로 그렇게 생각하지 않는 사람은 어떤 점이 다를까?

나는 어린 시절부터 '나는 뭘 해도 안 돼'라고 생각해서 바로 포기할 정도로 자기긍정감이 낮았다. 하지만 주변에 있던 아이들은 그런 기색이 별로 느껴지지 않았고, 뭐든지 즐겁게 도전했으므로 하면 할수록 그 아이들의 자기긍정감이 높아지는 것이 느껴졌다.

이런 상황에서 '나는 겁쟁이니까', '근성이 없으니까', '고집이 없으니까'라고 믿고 오랜 세월 자책해왔다. '나는 뭘 해도 안 돼'라고 생각하니까 나는 정말 뭘 해도 안 되는 거라고 여겼다.

그런데 심리학을 공부했더니 재밌는 것을 발견했다. 어미에게서 떼어 놓은 생쥐의 실험에서 긴장감을 느끼게 하는 호르몬의 수치가 떨어지지 않는 현상이 발견된 것이다. 그리고 어린 시절에 긴장 호르몬의 수치가 떨어지지 않는 뇌가 되면 본래대로 돌아가지 못한다. 이렇게 흥미로운 연구자의 발표가 있었다.

나는 이 연구에 흥미를 품었고, 혹시 '나는 뭘 해

도 안 돼'라고 생각하는 것은 긴장 호르몬의 스위치가 고장났기 때문은 아닌지 나 자신에게 실험해 보기로 했다. 자동차 경적처럼 큰소리의 스트레스 자극을 3초 동안 주면 일반적으로 스트레스 호르몬의 수치가 올라갈 것이다. 그리고 시간이 지나면 다시 스트레스 호르몬의 수치는 점점 낮아질 것이다. 내가 피실험자가 되어 실험을 해 보았더니 큰소리를 들어도 스트레스 호르몬의 수치가 올라가지 않는 충격적인 결과가 나왔다. 그리고 시간이 흘러 편안한 상황에서 스트레스 호르몬을 측정해보니 올라가고 있었다.

여기에서 재밌는 사실을 알았다. '공부를 해야해!'라고 생각했을 때 일반적으로는 '어디 해볼까!'라고 하면서 스트레스 호르몬이 분비되어 의욕이 올라간다. 그런데 시험 전에는 보통은 스트레스 호르몬이 분비되어야 하는데, 이것이 나오지 않아서 의욕이 나지 않거나 집중하지 못해서 시험 때도 머리가 새하얗게 되어 아무것도 생각나지 않는 상태가 된다.

문제는 시험이 끝난 뒤 엉뚱한 타이밍에 스트레스 호르몬이 분비되어 호르몬으로 머리가 빠르게 돌아가는 일이다. 그러면 '그때 제대로 공부를 해두었으면 좋았을 텐데 내가 왜 안 했을까'라고 후회해서 '나는 뭘 해도 안 돼'라고 자책하게 된다.

다음 기회에 제대로 공부하자고 단단히 결심해도 그때뿐이다. 스트레스 호르몬이 제때 올라가지 않으면 막상 시험공부를 해야 할 때 의욕이 떨어지고 두뇌 회전도 잘 안 된다. 그러면 자신이 뭔가를 해낼 수 있을 거라는 믿음이 사라진다.

'나는 뭘 해도 안 돼'라는 의식이 강한 사람에게 협조를 받아서 스트레스 자극을 받았을 때의 호르몬 수치를 측정했더니 제자리이거나 내려가는 결과를 보였다. 그리고 나중에 스트레스 호르몬의 수치가 올라간 것을 확인했다.

이를 통해 '나는 뭘 해도 안 돼'라는 마음은 기분의

문제가 아니라 스트레스 호르몬의 문제라고 할 수 있다. 그리고 '나는 뭘 해도 안 돼'라고 자책해서 자기긍정감이 낮아질수록 이 경향이 높아지는 것으로 보인다. 따라서 중요한 순간에 '나는 뭘 해도 안 돼'라는 기분이 들어 다른 사람들처럼 움직일 수 없을 때는 '스트레스 호르몬의 수치가 올라가지 않아서 그럴 뿐이야'라고 생각하면 해야 할 일을 하는 데 도움이 될 것이다.

갑자기 자신이 하지 못했던 일, 실패한 일, 인간관계에서 안 좋았던 일 등이 머리에 떠올라서 '나는 뭘 해도 안 돼'라는 기분이 들 때 '스트레스 호르몬의 수치가 나중에 올라갈 거야'라고 생각하면 머릿속이 점차 조용해져서 자책하는 일을 멈추기 때문에 신기하게도 자기긍정감이 높아진다. 그러면 해야 할 일이 있을 때 저절로 움직이는 자신을 보고 놀랄 것이다.

자책하는 마음이 들 때마다 호르몬 탓으로 돌리게

되면 '이제 호르몬이 제대로 분비될 거야'라고 바뀌어 갈 수 있다. 스트레스 호르몬을 분비하는 뇌의 시스템은 한번 망가지면 돌아오지 않는다고 말한 뇌신경학자도 있지만, 분명히 바뀔 수 있다.

자기긍정감이 낮은 사람에게 이런 이야기를 했더니 자책하는 마음이 들 때마다 '의욕이 없을 때는 호르몬이 분비되지 않아서 그런 거야'라고 생각했다고 한다. 그랬더니 더는 자책하는 마음이 없어졌다고 한다. 그리고 자신이 싫어지는 일이 떠오를 때는 '호르몬이 나중에 분비되겠지!'라며 호르몬의 수치로 이해하려고 했더니 상처 입는 일이 줄어들었고, 낮았던 자기긍정감이 점차 높아졌다.

나는 전보다 훨씬 자유롭게 활동하는 그 사람을 보고 자책하지 않는 것이 매우 중요하다는 사실을 깨달았다. 이처럼 '나는 뭘 해도 안 돼'라고 자책하지 않게 되면 자기긍정감은 점차 높아진다.

30 ▶ 나는 뭘 해도 안 된다는
생각에서 벗어나는 방법

'나는 뭘 해도 안 돼'라는 생각에서 벗어나지 못할 때는 뇌내(腦內)에서 적절한 호르몬 분비가 이루어지지 않을 가능성이 있다. 그렇다면 호르몬을 적절히 분비시켜서 그 상태에서 간단히 벗어날 수 있다. 그 방법은 바로 **호흡**이다.

　세상에는 기분을 즐겁게 해주는 다양한 호흡법이 있다. 지금 우리가 해결하고 싶은 것은 잘못된 스트레스 호르몬의 작용으로 '나는 뭘 해도 안 돼'라고 느껴지는 상태이므로 스트레스 호르몬이 적절하게 분비되는 호흡법을 사용해 보자. 방법은 간단하다. 먼저 폐에서부터 입으로 '하아'하고 공기를 내뱉는다. 이때 배를 움푹 들어가게 해서 배에 있는 공기까지 전부 내보낸다는 느낌으로 가능한 한 단숨에 전부 내뱉는다.

　그리고 더는 내뱉을 수 없는 지점까지 왔을 때 이

번에는 입을 다물고 코로 '스읍'하고 숨을 들이마신다. 단숨에 숨이 폐 전체가 가득 차는 느낌으로 한다. 이것을 6회에서 7회 반복한 다음 '나는 뭘 해도 안 돼'라는 생각이 아직 있는지 확인해 본다. 호흡을 통해 뇌내의 호르몬 분비가 정상적으로 작용한다면 그런 생각이 사라졌을 것이다. 또한 혼자 조용하게 휴식을 취하고 싶은데, 자꾸 '나는 뭘 해도 안 돼'라며 안 좋은 일이 떠오르기 시작하면 마찬가지로 공기를 내뱉고 들이마시는 방법을 반복해 보자.

긴장 호르몬의 나오는 방법이 일반적인 사람과 달라서 '나는 뭘 해도 안 돼'라고 느껴질 수도 있다. 그렇다면 그 타이밍에 일반적인 사람과 호흡을 다르게 하면 긴장 호르몬이 분비되어 그 덕분에 '나는 뭘 해도 안 돼'라는 기분이 사라지고, 그 자리에서 제대로 움직이거나 생각할 수 있게 된다.

긴장 호르몬이 필요하지 않을 때 긴장 호르몬이 자꾸 분비되면 안 좋은 일만 떠올라서 마음이 불편해진다. 그럴 때 일반적인 사람과 다른 호흡법을 사용하면 긴장 호르몬이 안정되므로 머릿속이 조용해진다.

'나는 뭘 해도 안 돼'라는 기분이 들면 호흡법으로 긴장 호르몬을 반복해서 안정시키면 긴장해야 할 때 제대로 긴장 호르몬이 분비되고, 피곤할 때는 아무 생각도 나지 않는 상태가 뇌에 정착된다. 그러면 신기하게도 호흡에 신경쓰지 않아도 자기긍정감이 높아진다. 이를 통해 긴장 호르몬이 적절한 타이밍에 분비되지 않으면 자기긍정감이 낮아진다는 것을 알 수 있다. 근성이나 끈기 같은 것은 상관이 없으며, 단지 그 실험용 쥐처럼 긴장의 타이밍이 다른 사람과 어긋났을 뿐이다.

적절한 타이밍에 호르몬이 제대로 분비되면 주변 사람 모두가 동료라는 일체감이 생긴다. 그리고 일체감이 느껴질 때 점차 자기긍정감이 올라가고, 어느새 더 높아지기를 바라는 자신의 모습을 발견할 것이다.

지금 이 원고를 쓰다가 문득 일하면서 싫었던 일이 머릿속에 떠올랐다. '나는 뭘 해도 안 돼'라는 느낌이 돋아나서 점점 집필에 집중할 수 없었다.

이대로는 눈앞의 일에 집중하지 못하고 과거의 안 좋은 경험이나 미래의 불안에 사로잡힐 것이 뻔했다.

이때 평상시와 다른 호흡법을 시도해 보았다. 솔직히 이런 방법으로 정말 효과가 있는지 의심하면서 반복했다. 그런데 신기하게도 내용에 집중할 수 있었다. 마치 사진을 찍을 때 맞지 않던 초점이 갑자기 딱 맞아서 선명해지는 느낌이었다.

그렇게 한 가지 일에 집중할 수 있을 때 모든 사람과 하나가 되는 기분이 들었다. 그런 일체감이 들면 주변 사람들을 의식할 필요가 없어진다.

'나는 뭘 해도 안 돼'라는 기분이 호흡법으로 사라지자 '저 사람은 나를 어떻게 생각할까?', '나 때문에 저 사람이 곤란하지 않을까?'라는 걱정이 모두 없어졌고 모든 사람이 괜찮다고 느껴졌다.

'나는 뭘 해도 안 돼'라고 자기긍정감이 낮아지면 다른 사람을 믿지 못하게 되고, 안절부절못해서 다른 사람의 기분을 계속 생각하다가 일체감이 없어지게 된다. 사실 나는 '이런 일을 글로 써도 괜찮을까?'라고 생각했는데, 그 이면에는 '나는 뭘 해도 안 돼'라는 마음이 숨겨져 있었다. 이때 호르몬 분비를 호흡법으로 바꿔봤더니 모두 함께 이어져 있다는 일체감이 느껴져서 기분이 좋아졌다.

모두 똑같다는 일체감을 느꼈을 때 그곳에는 흔들림 없는 자기긍정감이 있었다. 누구의 일도 걱정할 필요가 없고 눈앞의 일만 단순히 즐길 수 있는 기쁨을 나는 느꼈다.

이 책을 읽어주신 여러분과 나는 함께 일체감을 느끼면서 지금 이곳에서 이어져 있고, 내 자기긍정감은 모두와 함께 끝없이 높아지고 있다.

제4장 나 자신이 형편없고 가치도 없게 느껴진다면

옮긴이 정지영

대진대학교 일본학과를 졸업한 뒤 출판사에서 수년간 일본도서 기획 및 번역, 편집 업무를 담당하다보니 어느새 번역의 매력에 푹 빠져버렸다. 현재는 엔터스코리아 출판기획 및 일본어 전문 번역가로 활동 중이다. 《정의를 밀어붙이는 사람》, 《소소하지만 확실한 공부법》, 《오늘도 사소한 일에 화를 냈습니다》, 《SIMPLE 비즈니스 숫자 공부법》, 《기적의 집중력》, 《리더를 위한 경영 심리학》, 《1등의 생각법》 등 다수의 책을 우리말로 옮겼다.

자기긍정감이 낮은 당신을 곧바로 바꾸는 방법
: 인생이 놀랄 정도로 앞으로 나아갈 것이다

1판 1쇄 발행 2019년 2월 18일

지 은 이 오시마 노부요리
옮 긴 이 정지영
발 행 인 최봉규
발 행 처 지상사(청홍)
등록번호 제2017-000075호
등록일자 2002. 8. 23.
주   소 서울특별시 용산구 효창원로64길 6 일진빌딩 2층
우편번호 04317
전화번호 02)3453-6111, 팩시밀리 02)3452-1440
홈페이지 www.jisangsa.co.kr
이 메 일 jhj-9020@hanmail.net

한국어판 출판권 ⓒ 지상사(청홍), 2019
ISBN 978-89-6502-286-2 03180

이 도서의 국립중앙도서관 출판시도서목록(CIP)은 e-CIP홈페이지(http://www.nl.go.kr/ecip)와 국가자료공동목록시스템(http://www.nl.go.kr/kolisnet)에서 이용하실 수 있습니다.(CIP제어번호: CIP2019000625)

* 잘못 만들어진 책은 구입처에서 교환해 드리며, 책값은 뒤표지에 있습니다.